Heibonsha Library

浄福なる生への導き

Die Anweisung zum seligen Leben

平凡社ライブラリー

Heibonsha Library

浄福なる生への導き

Die Anweisung zum seligen Leben
order auch die Religionslehre

または宗教論

J.G.フィヒテ著
高橋亘訳
堀井泰明改訂・補訳

平凡社

本書は、フィヒテ著・高橋亘訳『浄福なる生への指教』（岩波文庫、一九三八年）に改訂・補訳を施したものである。

目次

序文　15

第一講　17
生は愛であり、したがって生と浄福は、それ自体において一にして同じものである。真なる生と単なる仮象的生との区別。生と存在とは、これまた同じものである。真なる存在は永遠に自らと一であり、不変であるが、これに反し仮象は可変的である。真なる生はかの一者もしくは神を愛する。仮象的生は、可変的なるものもしくは世界を愛する。仮象でさえ、ただ永遠者への憧憬によって支持され、現存に保たれる。この憧憬は単なる仮象的生においては満たされることはなく、したがってこうした生は不幸である。これに反し真なる生の愛はたえず満たされ、したがってこうした生は浄福である。真なる生の領域は思考である。

第二講　39
ここにおいて講義されるべきものは、要するに形而上学であり、特に存在論である。これをここ

で通俗的に講義するつもりである。こうした講義は不可能であり不得策であるという異議を次のように反駁する。まずこうした講義が試みられねばならぬ必要性によって。次に、専門的講義との対照における通俗的講義の本来的本質の究明によって。さらに、キリスト教の出現以来こうした企図はたえず実際に成功してきたという事実的証明によって。もっとも、われわれの時代においてはこうした意志疎通に大きな障害が横たわっている。なぜなら一つには明白な形式が、臆見における恣意への愛着および自らを懐疑主義と名づける不決断に、衝突するゆえに。また、内容が異様に、かつはなはだしく逆説的に見えるために。最後に、無偏見の人も倒錯の狂信者の説得に迷わされるゆえに。こうした狂信の発生的説明。こうした狂信から予想される、われわれの教説に対する神秘主義との非難が説明される。しかしながら、こうした非難およびこれに類する非難の本来的目的は何であるか。

第三講　61

疑問の解明、すなわち生は有機的全体でなければならないが、ではいかにして実際的生において、われわれの主張に従えば、仮象の生と同様に必然的生の一部分が欠如しうるのかという疑問を、精神的生は現実においてはただ漸次に段階を経ながら発展するものである、という考えによって解明する。このことをわかりやすい例によって、すなわち大多数の人々は外的対象の思惟をその感覚的知覚より演繹し、われわれすべての認識は経験に基礎付けられているとしか考えない、という例によって明白にされる。こうした外的対象の思惟——これも知覚に基礎付けられているものではないが——の反対として、本来的なより高い思惟とは何であるか。こうした思惟と単なる臆見とは、領域という点では両者は一致するが、形式上いかに相違しているか。

こうした思惟を認識の最高の要素において実際に遂行する。その結果は次のようである。存在は生成したものではなく、その内の何ものも生成したのではない。それは端的に一であり、自らと同一である。存在から存在の現存が区別されねばならない。これは必然的に存在の意識である。この意識は、同時に必然的に自己意識であるが、自らの現存一般においても、現存の特殊的実在的規定においても、存在から自分自身を発生的に演繹することはできない。しかし一般的に、この実在的規定が本質においては存在の内的本質と一であることを理解することはできる。

第四講 83

何が浄福なる生に不可欠であるか。これに反し、ある条件の下においてのみ不可欠であるものは何か。そこで、存在はそれ自身においてあるがごとくそのように——一として——現存するが、ではいかにしてこの現存もしくは意識の中に多様が入りうるのか、という問いに対する答えは、ただ条件的にのみ必然的である。この問いに対する回答。単に現存においてのみ生じる区別から結果する「として（Als）」、もしくは対比による特徴付けは、絶対的対比であって、他のすべての分裂の原理である。この「として」は、特徴付けられるものの固定的存在を措定する。これにより、それ自身においては内的神的生であるものが、静止する世界に変えられる。この世界はこの「として」の事実によって——この事実は絶対的に自由な自立である——無制約的で限界のないものへと絶え間なく特徴付けられ、もしくは形態化される。

知識における新たな分裂の原理。この分裂はまず世界に向かうのではなく、世界についての反省に向かうゆえに、唯一不変の世界について諸々の見解を与えるにすぎない。しかし、後の分裂は前者と密接に融合し、絡み合っている。この分裂は五通りに分裂し、よってそれから結果する世界観の多様性も五通りである。最初で最下位の見解は、今日支配的な哲学の見解であり、そこでは感覚的世界もしくは自然に実在性が認められる。第二の見解では、自由に対する、現存世界を秩序付ける法則に実在性が措定される。すなわち客観的合法性、もしくは定言命法の立場である。第三は、自由に対する、現存世界の内において新たな世界を創造する法則に実在性が措定される見解である。すなわち本来的な道徳性の立場である。第四は、ただ神およびその現存にのみ実在性が措定される見解であり、すなわち宗教性の立場である。第五は、多様なるものをその唯一実在者からの生起において明瞭に見る見解であり、すなわち学の立場である。しかしながら、真なる宗教性は単なる見解としては不可能であり、実際の神的生と合一するところにおいてのみ存在するのである。この結合がなければその単なる見解は空虚であり、夢想にすぎない。

第六講　126

この教説は同時に真正なるキリスト教の教説——福音記者ヨハネに見出されるごとく——である、と以前付随的に述べた主張の証明。われわれがなぜ特にこの福音記者を引き合いに出すかという理由。われわれの解釈学上の原理。『ヨハネによる福音書』においてはまず、それ自体において真なるものと、彼の一時的立場に対してのみ真なるものとを区別しなければならない。前者は福音書の冒頭第五節までに含まれており、この箇所は福音記者個人の臆見としてではなく、イエスの直接の教えとして重んじられる。この冒頭の説明。一時的に妥当するものは形而上学的な命題ではなく、単に歴史的な命題であり、それはつまり、神的現存が純粋になんら個人的制限なしにナザレのイエスにおいて顕れたという命題である。この二つの見解の区別を説明し、また両者を統合する。同様にまた明確にキリスト教の教説によってもこれを行う。この歴史的教義の評価。福音書全体の内容をこの観点から理解し、「イエスは自分について、また自分の神との関係について、何と説くか」、「彼の弟子たちについて、また弟子たちの彼との関係については何と説くか」という問いに答える。

第七講　152

単なる仮象的生をその原理からより詳細に描写する。宗教的生の浄福の証明のためには、自分自身および世界を享受する可能な方法すべてを余すところなく提示する必要がある。先に提示した

五通りの見解は、同時にまた世界を享受する仕方でもある。その五つの仕方のうちから学的立場を除いて、ここではただ四つが考察される。享受一般は愛の満足として愛に基礎をもつ。しかし、愛は存在の熱情である。感覚的享受および第一の立場において想像力によって媒介された熱情。第二の立場における実在の熱情すなわち法則の熱情は、そこから無関心な判決が生じるであろうような命令であるが、この熱情は自我に対する関心と結びついて、自己軽蔑の忌避に変わる。こうした考え方により、人間の中ですべての愛が根絶されるため、人間はすべての欲求から超越する。幸福や浄福に対する単なる無感動としてのストア主義。

第八講

ここに講義された存在論のより深い把握。単なる現存そのものから生じる一切のものを、形式の名の下に総括する。現実において存在は形式と端的に不可分であり、形式の現存はそれ自身神的存在の内的必然性にもとづく。この命題を形式の一つの部分、すなわち無限性において説明する。この命題を形式の第二の部分、すなわち五重性において使用する。これにより全形式の有機的統一点としての自立した自我が生じる。自由の本質についての教え。自らの自立に対する自我の熱情は、完成した自由によって単なる可能的自由のそれぞれの立場が滅せられるやいなや、必然的に消滅する。このように、自己に対する愛の存在または欠如により、世界を眺め享受するのに二通りのまったく相反する仕方が生じる。前者からはまず、対象によってある仕方で規定された自己に対する愛として、感覚的享受への衝動が生じる。次に、対象的な自己規定に対する愛を放棄した後に、合法性という考え方において、形式的自由に対する愛が生じる。そこから定言命法が生じるという愛の特徴付け。自己に対するこの愛を滅することにより、自我の意志は神の生と合致する。そしてそこからまず第一に、上述の第三の見解として掲げたより高い道徳性の立場が生じる。この考え方と外的環境との関係、特に感覚的欲求の迷信との対比において。

より高い道徳性が感覚的世界の中において創造する新しい世界は、時間の中における神自身の直接的生である。それ自体においては直接的に経験されるのみである。一般的には次の特徴によって、すなわち神的生のおのおのの形成が端的にそれ自身のために喜ばれ、何かある目的のための手段として喜ばれるのではないという特徴によって、記述される。美や学問などの例によって、またこれらに対する自然的才能の現象において説明する。こうした行為は自分の外にある一つの結果を得ようと努力する。結果に対する欲望が、単なる行いに対する喜びとまだ混同されているあいだは、より高い道徳性といえども苦痛の可能性にさらされている。この両者を宗教性の立場によって除去する。個性の根拠。各人は神的生に対する特有の分与をもつ。道徳性および浄福なる生の第一の根本法則は、各人がこの己れの分与を捉えることである。道徳的・宗教的意志について、それがその独自の内的生から外へ出る限りにおいての、一般的外的な特徴付け。

第十講　226
論じられた対象全体を、その最深の立場から把握する。反省形式としての自我の自立性の形式において、端的に自己を自己自身から吐き出す存在は、すべての反省の彼方において、ただ愛によって形式と結合する。この愛は、神についての空虚な概念の創造者である。あらゆる確信の根源である。絶対者を直接的に、概念による一切の変容なしに、生において把握するものである。その形式の中ではただ無限性の可能性があるにすぎない反省を、現実に無限性へ押し広げるものである。最後に、学の根源でもある。生ける現実的反省においては、この愛は直接に道徳的行為の現象の中で顕現する。
道徳的宗教者の人間愛の特徴付け。その浄福の様子。

第十一講　248
一般的な応用のために。親密な意志疎通に対する障害。全身的献身の欠如、いわゆる懐疑主義、われわれの時代における一般的な外的環境について。すべての人間は憐れな罪人であるという絶対的な相互的前提の原理（近代的ヒューマニズム）から、この環境をより詳細に特徴付ける。いかにして正しき人はこうした環境から超越するか。

凡例

（一）文中において、〔　〕は翻訳の際に付け加えた補注である。（　）は原則として原文を踏襲した。

（二）聖書からの引用部分については、日本聖書協会発行の新共同訳を参照しながら、本書のドイツ語原文に沿って訳した。

（三）段落については、原文に従いながら、内容上の展開を明確にするために、新たに設けた場合もある。

序文

この講義は、つい先日『現代の諸特徴』という表題の下に同じ書店から出版された講義と、『学者の本質〔と自由の領域におけるその諸現象〕について』（ベルリン、ヒンブルク書店）と題する講義とともに、通俗的教説についての全体をなすものである。今回の講義はその頂点、最も輝ける点であり、講義を通じて支配的な考え方は、『学者の本質について』の中ではある特殊的な対象において展開されている。これらはすべて、すでに十三年前に私に与えられた哲学的見解に対して、ここ六、七年来の多くの閑暇と、より成熟した壮年期にたえず続けられた私の自己形成との成果である。この哲学的見解は、私の望むところでは私においていくらかのものを変化させたかもしれないが、にもかかわらずそれ自体においてはあの時以来いささかも変わっていない。こうした論文の成立とそこにおいて教説が受け取る外的かつ内的形式は、外部にその動機をもつものである。したがってまた、仕上げはけっして私自身の意志によるものではなく、その期間内にこれらの論文が講義のために書き上げられねばならなかった時間に依存するものである。その出版については、これらをくだらなくもないと考えた聴衆の中の友人諸兄が私を説得したのである、と言ってよろしかろう。私は出版のためにもう一度書き直すことはしなかった。というのは私の仕事のやり方からして、そうなるとけっして完成しなかったであろうから。この結果が彼らの期待に反した場合は、彼ら自身がその責任を負うがよろしい。なぜなら私個人は、おのおのの力強き提言が引き起こす果てしない混乱と、正しいことを欲するすべての人にかならず与えられる返礼とを見ることにより、一般読者についていかに判断すべきかはなはだ迷っており、したがってこうした種類の事柄をいかに処置すべきか知らず、また、人はいかに一般読者に語るべきか、さらにまた、いったい出版を通して彼らに語ることが努力に値することかどうかさえも知らないからである。

一八〇六年四月　ベルリンにて　フィヒテ

第一講

尊敬する諸君。

ここに始める講義を、私は「浄福なる生への導き」と題しておいた。普通一般の見解に従って、まずこれを引き合いに出さないことには訂正もできないので、われわれはこう言わざるをえなかった。しかし正しい見解によれば、浄福なる生という表現は余分なものを含んでいる。なぜならば、生はかならず浄福なものだからである。生すなわち浄福なるがゆえに。これに反して浄福ならざる生という考えは矛盾を含んでいる。浄福ならざるものといえば死あるのみ。したがって厳密に表現するならば、私はここに意図している講義を「生への導き」もしくは「人生論」、または概念を他の側面から把握して、「浄福への導き」もしくは「幸福論」と名づけるべきであった。生きているように見えるもののすべてがけっして浄福なわけではないのは、この浄福ならざるものが実際には生きておらず、その要素の大部分が死すなわち非存在の内に沈んでいるということにもとづくのである。

生すなわち浄福である、と私は言った。それ以外ではありえない。なぜなら、生は愛であり、生の全形式と力は愛の内に成り立ち、愛より発生するからである。こう言うことによって、私は認識の最高の命題の一つを述べたのである。ただしこの命題は、真に懸命に集中された注意をもってすれば、ただちに明らかになるであろう。愛は、それ自体においては死せる存在を分け、存在を存在自身の前に置くことによって、いわば二重の存在となす。そうしてそれを、自らを見、自らを知る自我または自己となすのである。この自我性の内にすべての生の根源が存する。他方、愛はこの分けられた自我を緊密に合一し、結合する。自我は、愛なくしてはただ冷やかに、また無関心に自らを見るにすぎないであろう。この合一によってもその二重性は止揚されず、永遠に残るが、この二重性における一性こそ生である。このことは、課せられた概念を鋭く思考し結合しようとする人には、すぐに明らかになるに相違ない。さてまた、愛は自己自身に対する満足であり、自己自身に対する喜び、自己自身の享受であり、したがって浄福である。こうして、生、愛、浄福が端的に一つにして同じものであることは明らかである。

私はさらに、生きているように見えるものすべてがかならずしも実際かつ真に生きているわけではない、と言った。私の考えによれば、これにより生は二つの観点、すなわち真理の観点と仮象の観点から考察されうるということが帰結する。事実、私はそのように考察する。さて、単なる仮象の生といえども、もしそれがなんらかの仕方で真なる存在によって支持され担われていないならば、また、真に現存するものは生のほかにはないゆえに、真なる生がなんらかの仕方で仮象の生の内に入り込み混合するのでないならば、仮象として現れることさえできず、まったく無の内にとどまるであろうことは何にもまして明らかである。純粋の死、純粋の不幸というものはありえない。なぜなら、もしそれがあると仮定すれば、それに現存を承認したことになるが、現存しうるものはただ真なる存在と生のみだからである。したがって、すべての不完全な存在は、単に死せるものと生けるものとの混合である。一般にいかなる仕方でこの混合が起こるのであるか、また、生の最低の段階においても、真なる生の滅しがたい代表者は何であるか、についてはまもなく後に述べるであろう。次に、仮象の生といえどもその居所、中心点は愛にあることを指摘しなければならない。私の言う意味は以下の通りである。後程より詳細に見るように、仮象は多様にまた無限に異なった仕方で自らを形成することができる。仮象の生のこうした諸々の形態はすべて、仮象の見地に立って言うならば、総じて生きている。あるいは厳密に真理に従って表現するならば、生きているかのように現れている。もしさらに、何によってこのすべてのものに共通な生がその特殊な形態において相違しているのか、また、各個人にその特殊な生の無二の性格を与えるものは何か、と問うならば、それはこの特殊な個人的生のもつ愛である、と私は答える。君自身の真なる享受を見出すことができると君が思っているとき、君は何を真に愛しているのか、何をすべての憧憬をもって希求し、獲得しようと努力しているのか、私に告げていただきたい。そうすれば君は自己の生を私に明かしたのである。君が愛するもの、それを君は生きるのである。ここに告げられた愛がまさに君の生である。君の生の根底であり、居所であり、中心点である。君の中における他のすべての活動は、この唯一の中心点に向けられる限りにおいてのみ生である。多くの人は自分が何を愛しているのか知らないために、右の問いに容易に答えることはできないだろうが、これは取りも直さず、彼らが本来何も愛しておらず、したがって愛していないがゆえに生きてもいないことを、証明するものである。

生と愛と浄福とは一つのものである、ということについての一般論は以上にして、次に真なる生と仮象の生との明確な区別に進みたい。

存在——存在（Sein）と私は言うが——と生とはこれまた一つであり、同じものである。

ただ生のみが自立的に、自らによって、自らを通して、現存することができる。しかし生は生である限り、現存をともなうものである。人はふつう存在を動かない、凝固した、死んだものとして考える。哲学者さえもほとんど例外なくそう考えてきたし、存在を絶対者として言い表した場合でさえそう考えていた。このことはまさに、人が生きた概念ではなく死んだ概念でもって存在の思索に向かったことによる。存在それ自体の内に死があるのではなく、死せる観察者の殺すまなざしの中に死があるのである。この誤謬の内に他のすべての誤謬の根源があり、この誤謬のために真理の世界と精神世界が永久にわれわれの目から閉ざされている、ということについては別の場所で、少なくともそれを理解しうる人々には説明しておいた。ここでは、この命題の単なる歴史的な言及で十分である。

これと反対に、存在と生が一つであるごとく、死と非存在（Nichtsein）も一つであり、同じものである。すでに述べたように、純粋の死や純粋の非存在というものはない。しかし、仮象（Schein）はあるのであって、これは生と死、存在と非存在との混和である。これにより次のことが帰結する。すなわち、仮象の内部にあって仮象を仮象たらしめるもの、また仮象の内部で真なる存在と生に対立しているものに関して言えば、仮象は死であり非存在である。

次に、存在は完全に単純であって多様ではない。いくつかの存在があるのではなく、ただ一つの存在だけがある。この命題は前の命題と同様に、一般には誤解されたり全然知られていないある洞察を含んでいる。ただし、ほんの一瞬でも真剣にこの課題を考えたならば、誰でもこの洞察が明らかに正しいことを確信するであろう。われわれはここでは、真剣な思索を可能とするために大多数の人々に必要とされる準備や手ほどきを、出席者に与える時間も意図ももっていない。

われわれはここではただこの前提の結果を用いて講義しようと思う。その結果はそれ自体ですでに、自然な真理感覚にとって望ましいものである。それらのより深い前提に関しては、われわれはただそれを明瞭に規定し、誤解を避けるように述べることで満足しなければならない。先程の命題についてのわれわれの考えは以下の通りである。つまり、存在のみが存在する（ist）のであって、存在にあらざるものや存在の彼方に存するかのような何らかの他なるものは存在しない、ということである。〔存在にあらざるものや存在の彼方に存するという〕この仮定は、われわれの言葉を理解する者にとっては、明らかな背理と理解されるに違いない。にもかかわらずまさにこの背理こそ、存在に関する一般の見解の根底に、暗々裡かつ認識されないままに存するのである。一般の見解によれば、自らによっては存在せず存在することもできないものに、外から現存が――この現存も無の現存ということになるが――付け加えられる。そしてこの二つの背理の結合から、すべての真なるもの、現実的なるものが生じると言うのである。この見解は存在に関する前述の命題――自らによって自らを通してあるものだけが存在する――によって否定される。われわれはさらに言う。存在は単純であり、自らに等しく、不変である。存在の内には生起がなく、消滅がなく、形態の変化運動もなく、ただ永久に、同一にして静かなる存在と存続があるのみである、と。

この主張の正しさは、簡単に以下のように示される。自らによって存在するものは、一様であり、全体であり、なにかしらの断絶や、何かが付け加えられることもなく、一度に現存する、と。

以上のことによってわれわれは、存在と一つである真なる生と、仮象である限り非存在と一つである仮象の生との特徴を区別する洞察へ活路を開いた。存在は単純であり、不変であり、永遠に自らに等しい。よって真なる生も、単純で、不変で、永遠に自らに等しいものである。仮象は、止むことなき変化であり、生成と消滅とのあいだのたえざる彷徨である。したがって単なる仮象の生も、止むなき変化であり、常に生成と消滅のあいだを彷徨し、たえざる変化によって引き裂かれている。生の中心点はいつも愛である。したがって、真なる生は一者を、不変者を、永遠者を愛する。単なる仮象の生は——仮に愛されうることが可能で、愛に耐えうるとして——無常なるものを無常なるがままに愛さんと試みるのである。

真なる生の愛の対象は、われわれが神という名の下に思い、もしくは少なくとも思わなくてはならないものである。仮象の生の愛の対象は、変化するものであり、それはわれわれに世界として現象し、またわれわれがそう呼ぶものである。よって、真なる生は神の内に生き、神を愛する。仮象の生は世界の内に生き、世界を愛さんと試みる。それがどの特殊的な面から世界を把握するのか、ということは問題ではない。一般の見解が道徳的腐敗、罪悪、悪徳と呼ぶものと、この見解が承認し、もしくは褒むべきものとさえ考える他の多くのものとを比較すれば、なるほど前者は後者よりも人間社会にとってより危険であり、より有害であるだろう。しかし真理の目の前においては、愛を偶然的なものに向け、永遠なるものと不変なるもの以外の対象に享受を求めようとする生はすべて、まさにそうした対象に享受を求めているという理由により、等しく一様に空しきものであり、惨めなものであり、不幸なものである。

真なる生は不変者の内に生きる。不変者自身においては減損も増大もありえないように、真なる生においても減損、増大ともにありえない。真なる生は各瞬間において全体である。

およそ可能な最高の生である。各瞬間において存在するものが、必然的に永遠においてある。仮象の生は変ずるものの内においてのみ生きる。ゆえに連続する二つの瞬間といえども同一ではありえない。後に続く瞬間は先立つ瞬間を呑み込み、食い尽くす。よって仮象の生とはたえず死ぬことであり、死につつ生き、死ぬことにおいて生きるにすぎない。

真なる生は自らによって浄福であり、仮象の生は必然的に悲惨であり不幸である、とわれわれは述べた。享受、喜悦、浄福——幸せの一般的な意識を表すのにその他どのような言葉を諸君が用いようと——すべての可能性は、愛、努力、衝動にもとづくのである。愛されるものと合一し、最も緊密に融合していることが浄福である。それから引き離され、排除され、しかもそれへと憧れながら向かうのを止めることができない、というのが不幸である。

次に述べることは一般に、現象すなわち現実的にして有限なるものと、絶対的存在すなわち無限にして永遠なるものとの関係である。現象がただ現象としてであれ現存するためには、現象を担いかつ現存に保つものが必要なことを先程指摘し、またそれについては後で詳細に特徴付けると約束したが、そのものとは永遠者に対する憧憬である。不滅なるものと合致し、融合せんとする、この衝動は、有限的現存の最も内的な根底であって、現存のいかなる分枝においても、それが完全なる非存在の内に沈んでしまうべきではない限り、根絶してしまうことはできない。すべての有限的現存が依拠するこの憧憬をもとに、またそこから、有限的現存のあるものは真なる生に到達し、またあるものはついに達しない。それが生に到達し、生が発露するとき、この秘められた憧憬の意味が明らかになり、それが永遠者に対する愛であったことが理解される。つまり人は、自分が元来何を欲し、愛し、要求しているか、知るようになる。いまやこの要求は、いかなるときにおいても、またいかなる条件の下においても充足されることができる。永遠者はたえずわれわれを取りまき、われわれに顕現する。われわれはそれを把握しさえすればよい。しかし一度把握すれば、二度と失われることはない。真に生きる人はそれを把握したのであり、たえず現存の各瞬間において全体的かつ完全に、そのすべての豊かさにおいてそれを所有している。こうして彼は愛されたものとの合一において浄福である。そして、それを永遠に享受するであろうことを揺るぎなく固く確信し、それによりまた、あらゆる懐疑や不安、恐れから守られている。現存が未だに真なる生に到達していない場合でも、その憧憬は劣らず感じられるが、まだ理解されていない。すべての人は幸福に、安らかに、満ち足りた状態にあらんことを欲するが、どこにこうした幸福を見出しうるのかを知らない。また、いったい何を愛し、何に向かって努力しているのか、わからないでいる。感官に直接出会うものや感官に現れるものにおいて、すなわちこの世界内において、幸福が見出されるに違いない、と彼らは考える。これはつまり、彼らがとにかく置かれている精神状態においては、世界しか存在しないからである。躊躇なく彼らは幸福の追求へと向かう。心に抱きながら、また愛しながら、彼らの気に入り、彼らの努力を満足させるかに見える一番手近な対象に没頭する。しかし、自己自身に立ち戻り、はたして自分は幸福であるのかと自問するとき、心の最内奥からはっきりと「否、汝は依然として空虚で貧しい」という声を聞くだろう。このことは彼ら自身もわかってはいるが、彼らはただ対象の選択を誤ったのであると考え、他の対象にとびつく。この対象も同様に彼らを満足させないであろう。それどころか、この世のありとあらゆる対象のうち、一つとして彼らを満足させるものはないであろう。われわれは、何かそうした対象が彼らを満足させることを欲するべきであろうか。有限にして過ぎ行く何ものも彼らを満足させえないということが、まさしく彼らを永遠者に結びつけ、現存にとどまらせる唯一の絆なのである。もし一度、彼らを完全に満足させる有限的対象を彼らが見出しえたならば、そのとき彼らはいかんともしがたく神性から放逐され、永遠の死と非存在とに投げ込まれるであろう。このように彼らは生涯渇望し、心配する。いかなる境遇に置かれても、境遇さえ変わればより幸福になるだろう、と彼らは考える。しかし実際に境遇が変わっても、少しも幸福にはならないのである。いかなる場所にあっても、あの向こうに見える高みに達しさえすればこの不安もやわらぐであろう、と彼らは考える。しかしそこに達してみれば、御丁寧にもそれ以前の憂愁を再び見出すのである。青年時代の潑剌とした元気と喜ばしき希望が消失した壮年におよんで自己を省みるとき、過ぎ去った生涯を振り返り、そこから何か決定的な教訓を引き出そうと試みるとき、この地上のもの一切は人を満足させる力をもたないことを敢えて承認するとき、彼らはいまや何をなさんとするのか。彼らはたぶん決然と、すべての幸福とすべての平安とを断念するであろう。依然として湧く根絶しがたき憧憬を全力でもって押し殺し、鈍磨させるだろう。そしてこの鈍感を唯一の真なる知恵と名づけ、救いに対する絶望を唯一の真なる救いと名づけ、人間は幸福に達しうるものにあらず、虚無において虚無をめぐって追うべく運命付けられたものである、という誤った認識を真の分別と名づけるであろう。あるいはまた、彼らはただこの地上の生における満足を断念するだけかもしれない。そして伝統を通してわれわれに伝わっている墓の彼方の浄福への導きに従うかもしれない。なんという憐れむべき思い違いに彼らは陥っていることか。もちろん墓の此方において浄福がすでに始まった人に対しては、此方においてどの瞬間にでも始まることができるのと同じ仕方で、墓の彼方においても浄福があるだろう。しかし、ただ墓に入るというだけでは浄福に入ることはできない。もし彼らが浄福を、この世において彼らをすでに近くで取り囲んでいるため、未来永劫においてけっしてより近くもたらされることのないものにおいて、すなわち永遠者の内において求めるのではなく、それ以外の中で求めるならば、ちょうど現在の生において虚しく探し求めたように、未来の生においても、また果てしなく続く未来の生においても、やはり依然として浄福を虚しく探し求めることになるだろう。このように永遠性の哀れな末裔はさまよい、父の家を追い出され、たえず天より与えられたものに取り囲まれ、臆病な手をそれに伸ばすことをただ恐れ、あてどなく逃げるように荒野をさまよい、いたるところで居を定めんと心労する。幸いにも彼の小屋はどれもすぐに崩壊し、父の家以外には平安を見出さぬであろうことを思い出す。

尊敬する諸君、以上のように真なる生は必然的に浄福であり、仮象の生は必然的に不幸なのである。

さてこれから私とともに次のことを考えていただきたい。要素、媒介体《エーテル》、実体的形相、この表現が誰かにとってより理解しやすいものならば、真なる生の要素、媒介体、実体的形相は思考（der Gedanke）である、と私は言う。

まず第一に、真剣にまた言葉の本来の意味において、生と浄福とを、自己自身を意識しているもの以外に帰属させる人はいないだろう。したがってすべての生は自己意識を前提とし、また生を把握し享受の対象となすことのできるものは自己意識のみである。

次いで、真なる生とその浄福とは、不変にして永遠なるものとの一致において成立する。永遠者はただ思考によってのみ把握されうるのであって、われわれは他の方法によっては永遠者そのものに達することはできない。一にして不変なるものは、われわれ自身と世界との説明根拠として了解される。それは二重の意味において説明根拠と言われる。一つには、われわれと世界とがその内で根拠付けられ現存しており、非存在の内にとどまっているのではない、という意味である。また一つにはその内において、ただこの仕方においてのみ了解され、他の仕方においては了解されないその内的本質において、現存しながら自らを見出すという仕方で——他の仕方ではなくまさにこの仕方で——現存していることが基礎付けられている、という意味である。このように真なる生とその浄福とは思考の内に、すなわち、われわれ自身と世界は内的で自らの内に隠れている神的実在から発しているというある確かな見解において、成立しているのである。また、いったい知識学以外の教説はありえないがゆえに、浄福論といえども知識学以外のものではありえない。精神において、それ自身において根拠付けられた思考の活動性において、生はある。なぜなら、精神以外に真に現存しているものはないからである。真に生きるとは、真に考え、真理を認識することである。

事情は以上の通りである。神を見失い精神を欠いた昨今の時代において、思弁と名づけられたものに対して加えられた誹謗によって、何人も惑わされぬようにしていただきたい。この誹謗のはなはだ明確な特徴は、それが思弁について何も知らない人によって発せられたということである。思弁のなんたるかを知る人にして思弁を誹謗した人はいない。思惟の最も高い飛躍においてのみ神性は来り、他の感官によって捉えることはできない。人間を思惟の飛躍に対し懐疑的にさせることは、人間を神から、浄福の享受から隔離することに等しい。

もしも生とその浄福が、その本領を思惟においてもたないとすれば、どこにもつのであろうか。何かある感覚や感情においてであろうか。この点に関しては、それが最も粗野な感覚的快楽なのか、最も繊細なる超感覚的喜悦なのか、われわれにとって大した意味はない。その本質上蓋然性に依存する感情が、はたして自らの永遠にして不変な持続を保証しうるのだろうか。また、同じ理由によって感情は必然的に曖昧さをともなうが、こうした曖昧さにおいてわれわれは、この不変な持続を内的に観照し享受することができるだろうか。否。自らに対してまったく透明であり、自らの内部全体を自由に所有する明晰な認識の炎だけが、その明晰さによって自らの不変な持続を保証するのである。

あるいは浄福なる生は、有徳な事業や行為の中に存すべきものなのか。これまで同様今後も、法律はこうした徳――世間の人が徳と呼ぶもの、すなわち職務や職業を規則正しく処理し、各人に各人のものを許し、あるいはさらに困窮した人になにがしかのものを与えること――を命じるであろうし、生来の同情心をこうした徳へと動かすであろう。しかし、明晰なる概念において愛しつつ神を把握しない人は、真の徳へ、すなわち世界において真なるものと良いものを無から創造する真正なる神的な行為へと、自らを高めることはないであろう。これに対し、神をそのように把握する人は、特に意思や意欲を要せず自然に、このように行為せざるをえないであろう。

われわれはこの主張によって、精神世界に関する新たな教説を提示しようというのではない。これは古くからあり、いつの時代にも常に説かれてきた教説である。たとえばキリスト教は、信仰を真なる生と浄福との絶対的な条件とし、信仰に由来しないものをことごとく空虚で死せるものと非難する。このような信仰はキリスト教にとって、われわれが思考と名づけたもの、すなわち不変なる神的実在におけるわれわれ自身と世界に関する唯一の真なる見解と、まったく等しい。この信仰、すなわち明晰にしていきいきとした思惟が世界から消え去った後、人は徳を浄福なる生の条件と定め、荒れ放題の木に極上の実を求め〔るような無理な要求を掲げ」たのであった。

以上一般的に特徴付けられたこの生に加えて、ここでは特にその導きが期待されている。すなわち私は、いかにすれば人は幸福な生に至り、それを自分のものとなしうるのか、その手段と道筋を明らかにすることを申し出たのである。この導きは一言に要約すれば以下の通りである。永遠者を創造せよ、と人間は要求されているわけではない。そのようなことを人間はけっしてなしえないであろう。永遠者は人間の内にあり、たえず人間を取り囲んでいる。人間がなさねばならないのはただ、真なる生がけっして一致することのできない過ぎ行くもの、空しいものを捨てることである。そうすればただちに永遠者はすべての浄福とともに人間のもとに来るだろう。われわれは浄福を獲得することはできないが、われわれの不幸を捨てることはできる。不幸を捨てればすぐに、浄福は自ずとその代わりに来るであろう。浄福とは、すでに見てきたように、一者の内に憩いとどまることであり、不幸とは多様なるものや異なるものの上に散乱していることである。よって浄福になるとは、われわれの愛を多様なるものから一者に向かって引き戻すことである。

多様なるものの上に散乱しているものは、あたかも水のごとく四方八方に流れ出し、注ぎ出され、まき散らされるのである。それは、あれこれと多くのものを愛そうとする多情のゆえに、実は何ものも愛していない。それは、いたるところに定住せんとするがゆえに、どこにも定住しない。この散乱がわれわれの本来的な性分なのであり、こうした性分をもってわれわれは生まれてきた。こうした理由から、心を一者に向かって引き戻すこと――一者は自然的見解には現れず、努力によってもたらされねばならない――は、心の集中および内的沈潜として、また、生の多様さがわれわれとなす戯れの遊びとは対照的な真剣さとして、さらに、多くのものを捉えようとして何も摑めない軽率さとは対照的な沈思として映る。この沈思する真剣さ、心の激しい集中、内的沈潜こそ浄福なる生に至る唯一の条件であり、この条件の下において、確かに間違いなく浄福なる生はわれわれのもとに来るのである。

　しかし、以下のことも事実である。目に見えるものから心を引き戻すことにより、これまで愛の対象であったものは色あせ、次第に消失するが、それは、われわれにとって明らかになる新しい世界という媒介体の中で、われわれがそれら対象をより美化された形で再び受け取る限りにおいてである。また、われわれの古い生すべてが死滅するのは、われわれがそれを、われわれの内で始まる新しい生の些細な添え物として再び受け取る限りにおいてである。しかしこれは、有限性には避けられない運命である。ただ死を通してのみ、有限性は生に到達する。死すべきものは死なねばならず、何ものもそれをその本質の権力から解放することはできない。それは仮象の生においてはたえず死ぬ。真なる生が始まるところでは、それは一回だけの死において最終的に死ぬ。仮象の生において死すべきものを待ち受ける、無限に続くすべての死のために、それは死ぬのである。

私は諸君に浄福なる生への導きを約束した。しかし、いかなる言い回しで、またいかなるイメージや文句、概念を用いてこれをこの時代、この状況にもたらすべきであろうか。われわれの言いうることも、伝統的な宗教がそのイメージと決まり文句をもって言いえたこと以上には出ず、またそれが最適な表現であるため、われわれの表現もそれ以上には出ない。これらのイメージや決まり文句は、まず空虚にされ、次に声高に嘲笑され、最後には沈黙した慇懃なる軽蔑に委ねられた。哲学者の概念および推論は、国家および人民に有害で、健全なる民心を乱すものとして、原告も裁判官も顔を見せない法廷で告発された。このことはまだ黙認するとしても、さらに悪いことには、信じやすい人に対して、これらの概念や推論はけっして理解できるようなものではない、と言われるのである。これは、彼をしてその言葉を自然な意味において、つまりあるがままに受け取らせず、その背後に何か特殊的なもの、隠されたものを探し求めさせるためである。こうした仕方で、誤解や混乱が当然に結果するのである。

たとえなにがしか、わかりやすい決まり文句や言い回しが発見されたとしても、どのようにしたらこうした導きへ関心を抱くだけの欲求を喚起することができようか。救済への絶望が唯一の救済として、また人間とはわがままにして気まぐれな神の玩具にすぎないという認識が唯一の知恵として提唱され、しかもそれが大いなる喝采を浴びて迎えられている時代において。また、存在、真理、確固たることおよびその中の浄福を信じる者は、未熟でまるで世の中を知らない子供として侮蔑される時代において。

そのようになるとしても、われわれには勇気の蓄えがある。たとえ無駄に終わっても、称賛すべき目的のために努力したということ自体、労を償い余りある。いま私は目の前に、現代が与えうる最高の教育を受けた人々を見る。また今後も引き続き見ることを願う。まず女性の方々。人間の制度は女性に、さしあたって外面的な細かい用件に対する配慮、あるいはまた人間的生活の装飾に対する配慮を任せた。こうした配慮は他の何ものにも勝って人の心を散乱させ、明晰にして真剣な思索から人を引き離すものであった。理性的な自然はこの代償として女性に、永遠者に対するより熱烈な憧憬とより繊細な感覚を与えた。次に私は、目の前に実務家諸君を見る。彼らの職業は彼らを一生涯、多種多様な煩雑事によって引きずり回す。これらの煩雑事はもちろん永遠不変なるものに関連しているが、すべての人が一見してただちにその関連分子を発見できるというわけではない。最後に私は、目の前に若き学徒諸君を見る。彼らの中において永遠者が把握するはずの形態が、未だ形成の途上にある。これら学徒諸君に対して私はおそらく、私の助言のいくつかがそうした形成に貢献できるかもしれない、と自負してもよかろう。しかし、女性の方々および実務家諸君に対しては、私ははるかに控えめな主張をするにすぎない。私はただ彼らに、疑いもなく私の助けがなくとも得られるであろうものを——私にはより少ない労力でもって与えられたものを——私から受け取られんことを願うのである。

彼らが多様なる対象によって散乱され引き裂かれ、それら対象の上で思惟をあちらこちらに動かさねばならないのに対して、哲学者は孤独な静寂と乱されない心の集中において、善なるもの、真なるもの、美なるもののみを追求する。彼らがただ休息として、保養として立ち寄ることのできるものが、哲学者には日常の仕事となっている。この好都合な運に私もまた恵まれた。したがって私は諸君に、一般的で平易なものを、すなわち善、美、永遠へ導くものを――それは私の思弁的活動には付随的なものとして生じるが――私が所有し伝えることのできる限り、ここで諸君に伝えたいと思う。

第二講

尊敬する諸君。

ただわれわれが講義への入口を見つけ、その領域に腰を据えることができさえすれば、厳密な秩序と方法は、なんらそれ以上の特別な注意なしにまったく自ずから、ここで私が諸君に行わんとする講義全体にもたらされるであろう。今のところわれわれはまだこうした作業をしなければならないのであるが、この際大事なことは、前回提示された本質的なものへのより明晰で自由な洞察を獲得することである。したがってわれわれは次回の講義以降、前回述べたことを繰り返すことになるだろう。単に他の見地から出発し、したがってまた他の表現を用いながら。

しかしながら今日は、私とともに以下の予備考察に耳を傾けていただきたい。

明晰な洞察をわれわれの中にもたらしたい、と私は言った。しかし、明晰性は深みにおいてのみ見出されるのであり、表面には曖昧さと混乱のほかは何も存在しないのである。したがって諸君を明晰な認識へと招く者は、言うまでもなく共に深みに下らんと招く者である。ゆえに私は次のことをけっして否認せず、始めるにあたって公然と言明したい。すなわち、私はすでに前回諸君の前で、これ以上の認識はありえないという一切の認識の最も深い根底と要素に触れたのであり、またこれらの要素――学術用語では最深の形而上学と存在論――に次回は別の仕方で、つまり通俗的な仕方で取り組もうと決心したのである。

こうした企てに対しては通常、そのような認識を通俗的に講義することは不可能である、もしくは賢明でないと抗議されるだろう。後者は時折、認識を秘儀にしようとする哲学者らが口にする。したがって事柄自体の困難さに取り組む以外に、事柄に対する彼らの好意的でない姿勢とも取り組むことを避けるためにも、私はなによりもまずこうした抗議に答えなければならない。

まず始めに〔通俗的講義の〕可能性の是非に関して言えば、ある哲学者、あるいは特に私において、哲学を体系的に学ぼうとせず、またそう学ぶことのできない人々を、通俗的な講義の方法によりその根本真理の理解へと高めることにかつて成功したことがあったのか、もしくはいつか成功するのかどうか、実際私は知らないのである。しかしこれに対し、私は絶対的な明証性をもって以下の二つの真理を知り、かつ認識する。第一の真理は以下の通りである。もし一切の認識の諸要素への洞察――学的哲学の所有物となったのは、これらの要素の技巧的かつ体系的展開のみであり、けっしてその内容ではない――に到達しないならば、繰り返すと、もしある人が一切の認識の諸要素への洞察に到達しないならば、その人はまた思惟にも、精神の真なる内的自立性にも到達せず、臆見に委ねられ、生涯を通じて自らの悟性となることなく、ただ他者の悟性の付属物となるにすぎない。いつまでも彼にはある精神的感官が、しかも精神の所有する最高の感官が欠如しているのである。したがって、哲学を体系的に学ぶことができない人を、他の方法により精神的世界の本質への洞察に高めようとすることは、可能でもなく得策でもないという主張は、次のような主張と同じ意味である。すなわち、正規の教育を受けない人は思惟に、そして精神の自立性に到達することは不可能であり――なぜなら学校こそが他の何ものにも代えがたく精神の産みの母であるから――たとえもし可能であったとしても、無学者を精神的に自由にするのは得策ではなく、彼らはいつまでも自称哲学者に後見され、その専制的悟性の付属物にとどまらねばならない、という主張である。それはともかく、ここで提起された本来的思惟と単なる臆見との区別は、次回の講義の冒頭で完全に明瞭となるであろう。

第二に、私は同じ明証性をもって以下のことを知り、認識する。すなわち人はけっして他の器官によってではなく、ただ本来的で純粋な真なる思惟によってのみ、神性とそこから流れ出る浄福な生を把握し、自らのものとなしうるのである。したがって、より深い真理を通俗的に講義することは不可能であるという前述の主張は、次のような主張と同じ意味なのである。つまり、哲学の体系的学習によってのみ人は宗教とその恵みにまで自己を高めることができるのであり、哲学者でない人は神および神の国から永久に閉め出されていなければならない、ということである。尊敬する諸君、この証明においてわれわれの講義はしばしば立ち止まり、すべての側面からその遂行を試みようとするが、ここにおいて重要なことは、純粋な思惟によってのみ真の神、真の宗教が把握されるということである。宗教とは、一般的な考え方が定めるように、「神がいる」ということを人が信じる——否定する勇気がないために、人づてに聞いたことや他者の断言にもとづいて、そうだろうと思い、そのように承認する——ことのうちに成り立つものではない。これでは迷信であり、せいぜい不足がちな警察を補うことができるとしても、人間の内なるものは悪いままにとどまるのみか、しばしばより悪くなるのである。なぜなら、こうした人は神を自分に似せて形づくり、自らの堕落の支えにまで加工するからである。そうではなくて、宗教とは以下のうちに成り立つ。すなわち人が、他者の中にではなく自分自身の中において、他者のではなく自らの精神的な目でもって、神を直接に見、もち、所有することのうちに成り立つ。これはしかし、純粋で自立的な思惟によってのみ可能なのである。なぜなら、こうした思惟によってのみ人は固有の人格となるからであり、またこうした思惟だけが神を見ることのできる目だからである。純粋な思惟はそれ自身神的な現存である。逆に、神的現存はその直接性において純粋な思惟にほかならないのである。

問題を歴史的に見ても、端的にすべての人間が例外なく神認識に到達することができるという前提、およびすべての人間をこの認識にまで高めようという努力は、キリスト教の前提および努力である。キリスト教は新しい時代の発展原理かつ本来的特徴であるため、こうした前提や努力は新約時代の本来的精神である。ただし、例外なくすべての人間を神認識にまで高めるということは、認識の最も深い諸要素と根拠を、体系的以外の仕方で人間にもたらす、というのとまったく同じことを意味する。したがって明らかなことには、異教の古き時代に戻りたくない人は、認識の最深の根拠を誰にでもわかる仕方で教授することが可能であり、また不可欠な義務であることを、認めなければならないのである。

しかしながら私は、最深の真理を通俗的に説明する可能性に対するこの議論を、最後に決定的な証明でもって――以下の事実でもって――終える。われわれがこの講義を通して未だもたざる人においては発展せしめ、すでにもっている人にはより強固かつ明瞭にしようというその認識は、いったいわれわれの時代以前にも世界のどこかにすでに存在していたのだろうか。それともわれわれは何かまったく新しいものを、これまでどこにも現存していないものを導入しようとしているのだろうか。われわれは後者を述べようとはけっして考えていない。われわれは次のように主張する。この認識は、われわれの凌駕できない極度の純粋性においてキリスト教を根源として、すべての時代において、たとえ支配的な教会により大部分誤解され迫害されたとはいえ、ここかしこに隠されたものの中で作用し、伝えられてきたのである。しかし他方、われわれは躊躇なく次のように主張する。体系的に一貫し、学的に明瞭な推論の方法は――われわれはこの方法でこうした認識に達したのであるが――試みという点ではともかく、成就という点では以前には世界に存在しなかったのであり、われわれの偉大な先駆者の精神による教導に次いで、大部分われわれ自身の成果である。学的・哲学的洞察が以前存在しなかったとすると、はたしていかなる方法によってキリストは――もしくは、それについて私はここで否定しようとは思わないが、キリストにおいて奇跡的・超自然的源泉を認めるならば――キリストの使徒たち、またそれに続きわれわれの時代に至るまでこうした認識に到達したすべての人々は、いかなる方法によってそれに到達しえたのか。前者の中にも後者の中にもはなはだ無学な、哲学をまったく知らないか、または哲学に好意をもたない人々がいた。哲学に携わり、その哲学がわれわれに知られているような人が彼らの中に若干いても、彼らの洞察がその哲学によるのではないことは、識者の容易に認めるところである。彼らがそれを哲学の方法によって得たのでないということは、すなわち通俗的な方法によって得たということである。なにゆえに、かつてほとんど二千年にわたり連綿として可能であったものが、今日でも可能であってはならないのであるか。なにゆえに、世界のどこにも未だ全面的な明瞭性が存在しなかったときに、はなはだ不完全な方法でもって可能であったものが、手段が完全となり、少なくとも哲学においては包括的な明瞭性が得られた後に、可能であってはならないのか。なにゆえに、宗教的信仰と自然的悟性が常にある仕方で争っていたときに可能であったものが、両者が和解し、相互の中に吸収され、相携えて同じ一つの目標に向かって努力している今となって、不可能とならなければいけないのであるか。

こうした考察全体から決定的に帰結することは、その高い認識に捉えられた人に対する、この認識をできる限り全同胞に分けんがために全力を尽くすという義務である。彼はその際、各人が最も受け取りやすい形式においてそれを伝えねばならない。成功するかどうか思いあぐねたり、またあれこれ疑うこともなく、あたかもそれがかならず成功せねばならないかのごとく働き、一つの仕事が成し遂げられると、新たに新鮮な力でもって、あたかもそれが成し遂げられなかったかのごとく次の仕事に着手しなければならない。他方、この知識を未だ所有せず、もしくはそれをしかるべき明瞭性と自由、そして常備の所有物として所有していない人に対しては、あたかも彼に提示された教説は本来彼のものであり、彼に属し、彼はそれを理解しなければならないかのごとく、全体的に余すところなくそれに自らを捧げるという義務が生じる。その際彼は恐れを抱いたり、いったいそれを理解できるだろうかとか、それを正しく理解できるかなどと臆してはならない。正しく理解するということを、完全なる透徹の意味に解するならば、大したことである。この意味においてこの講義を理解することは、自らこの講義を行いうるような人だけができるからである。しかし、この講義に感動し、世間の一般的見解より高揚せられ、崇高な心的態度と決心にまで発奮させられた人もまたこの講義を理解したのであり、間違って理解したのではない。尊敬する諸君、以上指摘した二つの義務に対するお互いの責任こそ、この講義を始めるにあたってわれわれが相互に結ぶ契約の基礎でなければならない。あたかも諸君に理解させることが可能でないかのように、私は飽きることなく新しい公式や言い回し、組み立てに心を砕くであろう。これに対して諸君、それも諸君のうちここで教えを請う人々――それ以外の人に対して私は忠告を差し控える――はあたかも私の言葉なかばにしてすでに理解しなければならないかのような、そうした勇気をもって事柄に着手していただきたい。こうした方法でわれわれはたぶん理解し合えるだろう、と私は確信している。

認識の最深の諸要素に関する一般向けの講義の可能性と必然性について、いましがたなされた考察全体は、通俗的な講義と学的な講義との本来的な相違について詳しく吟味する際、新たな明瞭性と説得力を得るであろう。私の見るところ、この相違はほとんど知られておらず、とりわけ通俗化の可能性と不可能性を簡単に片付ける人にとっては、隠れたものである。すなわち学的講義は、全面的かつあらゆる規定において、真理をそれと対立する誤謬から取り出し、この対立的見解を間違ったもの、正しい思惟においては不可能なものとして破棄し、これらを取り除いた後に残るものとして真理を示し、よって唯一可能な正しいものとして真理を示すのである。このような対立の除去、真理と誤謬が混ざり合う紛糾した混沌からの真理の精錬こそが、学的講義の本来の特徴である。こうした講義はわれわれの目前で、誤謬に満ちた世界から真理を生成せしめ、発生させる。さて、哲学者がこの証明以前に、この証明についてただ思い描き、始めることができるためにも、この人為的な証明とは独立して真理をあらかじめもち、所有していなければならないことは明白である。しかし、本性的な真理感覚に——これが彼において、他の同時代の人々よりもより高い力をもって現れたのである——導かれる以外の仕方で、いかにして彼は真理の所有に到達しえたのか。技巧的でない通俗的な方法以外のいかなる方法によって、彼は最初に真理を得たのか。本性的な真理感覚は、ここで明らかにされるように、学的哲学の出発点でもあるが、通俗的講義は他の何ものの助けをも借りることなく、直接にそうした真理感覚に訴えるのである。それは純粋かつ単純に真理を述べる。誤謬と対立しているような真理ではなく、真理自身の内にあるがままの真理のみを述べ、真理感覚の自由な賛成を期待する。この講義は、証明することはできない。しかしそれは、よく理解されねばならない。なぜなら、人が講義の内容を受け取る器官は理解だけであり、これなくして内容はわれわれにもたらされないからである。学的講義は誤謬における偏見と病的で歪められた精神的気質を想定し、通俗的講義は無偏見と、それ自身においては健全でただ十分には形成されていない精神的気質を前提とする。これらすべてを踏まえた上で考えてみると、いかにして哲学者は、真理の認識に導くには本性的な真理感覚で十分である、ということを疑いえようか。そもそも彼自身、最初はこの真理感覚以外のいかなる手段にもよらずにこの認識に到達したのである。

最深の理性認識の把握が通俗的手段により可能であるにもかかわらず、さらにこの把握が、その達成に向かい全力をあげて追求されねばならない人類の必然的目的であるにもかかわらず、われわれは以前のいかなる時代よりもまさしくわれわれの時代において、こうした企てに対しより大きな障害が立ちはだかっていることを告白しなければならない。まず第一に、このより高き真理の単なる形式が邪魔をする。決定的で自身確固たる、端的に何ものをもそれ自体において変えることのないこの形式は、二重の仕方で、この時代にはないがこの時代を扱おうとする人には要求される謙遜と衝突するのである。もちろん、以下のことを否定することはできない。すなわちこの認識は、真であることを欲し、己れだけが真であろうとし、また自らを表示する全面的規定性においてのみ真であろうとすることである。そして、対立するものは端的にすべて、例外なくまた容赦なく虚偽と断定する。したがってこの認識は、すべての良い意志と空想の自由を容赦なく服従させることを熱望する。そして自分以外の何ものかと契約を結ぶことを、徹底的に斥けるのである。こうした厳格さのため今日の人々は、あたかも自分に最大の侵害が加えられたかのように感情を害するのである。彼らになんらかの承認が求められるような場合には、彼らは意向を尋ねられ、慇懃に扱われ、また彼らの側からも条件を出そうとするが、なおも彼らの芸当のために若干の余地が残されねばならないのである。この形式はまた、敵か味方か旗印を鮮明にし、ただちに賛成反対を決定するよう求めるために、人々の機嫌を損ねる。なぜならこうした人々は、それのみが知るに値するそのものを知ることに急がず、かつ風向きが変わったときのための用心に、賛否を保留しておきたいからである。加えてとても都合の良いことに、自分の悟性の欠乏を高尚らしく聞こえる懐疑主義という名で覆い、当面の問題を捉える能力が実際に欠けている場合には、途方もない洞察が前代未聞で誰も達することのできない疑問の根拠を運び込んだのだと人に信じ込ませるのである。

さらにこの時代においては、われわれの見解のはなはだ逆説的で奇妙な、ほとんど未曾有な外観が、われわれの企ての障害となる。なぜならわれわれの見解は、まさしくこれまで文化文明の最高に神聖なものとみなされていたものを偽りとするからである。われわれの教説がそれ自体において新奇で、逆説的であるというのではない。ギリシア人の中ではプラトンがこうした境遇にあった。『ヨハネによる福音書』の中のキリストも、われわれが教え証明することとまったく同じことを述べているし、しかもわれわれがここで用いるのと同じ表現で述べている。またここ数十年においても、わが国民の中ではわれらの偉大な詩人二人がはなはだ多様な言い回しや装いでもってそれを述べたのである。しかしながら、『ヨハネによる福音書』のキリストの声はあまり利口ではない弟子たちの叫びにかき消され、他方詩人たちは何も述べようとせず、ただ美しい言葉と響きを創作しようとしているだけに思えるのである。

この大変古く、後世いつの時代にも更新されてきた教説は、以下の理由で現代においてまったく新しく未曾有に映るのである。つまり近代ヨーロッパにおける諸学の復興以来、特に宗教改革によって、最高の宗教的な真理の検討さえもが精神に許されて以来、次第にある一つの哲学が作られた。すなわち、自分の解しえない自然および認識の書物を逆さに読んだならば何か意味を引き出すことができはしまいか、という試みを行った一つの哲学が生じたのである。このことによって、一切が例外なくその自然な状態から倒錯されてしまったのである。この哲学は、すべての支配的な哲学が必然的にするように、公的教育の源泉、キリスト教要理、あらゆる教科書、公の宗教的な講演、流行の本などを占領した。われわれ皆の少年時代の教育はこの時代になされたのである。したがって、以下のようなことはけっして不思議ではないのである。つまり、われわれに対して不自然が自然となった後には、自然は不自然に映り、またわれわれがすべての事物をまず倒錯した状態で見た後では、正常の状態に戻された事物は倒錯しているかのように思われてしまうのである。ただし、これは時間とともに消え失せる誤謬である。なぜなら、われわれ——死を生より、肉体を精神より演繹し、現代人のようにこれを逆にしないわれわれ——は、古人の本来の後継者であるからである。ただしわれわれは、古人にとって曖昧であったものをも明瞭に洞察している。したがって前述の哲学は、元来時間における進歩ではなく、おどけた幕間劇、完全な野蛮の小さな付属物にすぎないのである。

最後に、自由にされているならば右の二つの障害をおそらく克服できる人々も、倒錯の狂信者らによる悪意に満ちた多くの説得により、しりごみさせられるのである。いかに倒錯が、自らの内にまた自分一人において倒錯していることに満足せず、自分以外においても倒錯を維持し流布させることに狂信的な熱中を示しうるか、人はいぶかしく思うかもしれない。しかし、これも容易に説明のつくことである。つまり以下の通りである。こうした人々が自己省察と自己認識の年齢に達し、自分の内部を省み、そこに個人的な感覚的幸福への衝動のほか何ものをも見出さず、また自己の内において何か他のものを見出したり獲得しようという最小の衝動さえもたなかったとき、彼らは周りの似たような人々を見回し、見るところこの人々の中においても同じように、個人的な感覚的幸福への衝動より高いものは見当たらないと信じたのであった。ここにおいて彼らは、これこそが人間の本来的な本質であると断定し、たえざる熱心さをもって自己の内で人間のこの本質を可能な限りの熟練にまで磨き上げた。こうして彼らは、自分の目において最優秀で卓越した人間になったはずであった。なぜなら彼らは、それこそが人間の価値を成すようなものに関して、妙技を得たと思っているからである。彼らは生涯このように考え、このように行為した。しかし、もし彼らが前述したような三段論法の大前提において間違っていたとすると、またもし同じ人類の中で単なる個人的な感覚的幸福への衝動以外のものが――この場合では明白に、より高次の神的なものが――示されるならば、彼らは、すなわちこれまで自分を卓越した人間と考えていた彼らは、より劣等な主体となり、これまで自分を無上のものと評価していたのとは打って変わって、いまや自分を軽蔑し、唾棄しなければならなくなるだろう。彼らは自分を恥じ入らせるような、人間の中のより高次なものについての確信とそれを裏付ける一切の現象を、激怒しながら攻撃するほかにない。彼らはこうした現象を自分から遠ざけ抑圧するために、一切の手段を尽くさざるをえない。つまり彼らは自分の命のために、自分の命の最も純粋で内的な根底のために、自分自身に耐える可能性のために、闘うのである。こうした人々のすべての狂信と狂気の意見は、世界の始めより今日に至るまで、もし相手が正しいとすれば自分はくだらない人間となるだろうという、そうした原理から発している。こうした狂信が火と剣を手にすることができるとき、それは火と剣でもって憎悪する敵を攻撃する。これらが得られないとき、それには舌という武器が残されている。舌は敵を殺すことはできないが、しばしば外に向かう敵の活力と効力を大きく萎えさせる。舌を用いた策略のうち最もよく使われ、また好まれているものの一つは、嫌悪されている事柄に対して一般的に嫌悪された名称を付すことにより、この事柄に対する悪評を広め、疑念を起こさせることである。こうした策略や中傷の備蓄は無尽蔵でしかもたえず増えているので、ここでその全貌をいくらかでも窺おうとするのは無駄なことであろう。ただここでは、嫌悪された中傷の中でも最も聞き慣れたものの一つに触れておきたい。それはつまり「この教説は神秘主義である」という中傷である。

まずこうした形の非難に関しては、私は諸君が次のことに注意するよう希望する。すなわち、もし偏見のない人がこの非難に対して「よろしい、われわれはそれが神秘主義であることを一応承認しよう。また、神秘主義が誤れる危険な教説であることも承認しよう。だからとにかく彼は自分の説を述べてみるがよい。われわれは彼の説くところを聞いてみたいと思う。もしそれが誤った危険なものであるなら、それは折あらばたぶん明らかになるであろう」と答えるとすると、われわれを斥けえたと信じているその断固たる判断に従い、その人々は次のように答えるに違いない。「もう聞くことなど何もない。ずっと以前に、もう数十年にもなるが、神秘主義はわれわれの論壇における満場一致の決定により異端と宣告され、追放されたのだ」と。

次に、非難の形式からその内容へ目を転じてみると、その名をもって彼らがわれわれの教説を非難するこの神秘主義とはそれ自体いったい何であるのか。もちろんわれわれは彼らから明確な答えを受け取ることはないだろう。なぜなら、どこにも明晰な概念をもたず、ただ注目を集める言葉だけを狙うように、この場合でもまた彼らには概念が欠けているからである。われわれは自らこれを求めねばならない。言うまでもなく、精神的なものや神聖なものに関するある種の見解が存在するが、それは主要な点においては正しいが、にもかかわらず悪しき欠点も有し、そのため不純な悪しきものとされている。私は昨年の講義において、ついでながらこの見解を叙述したが、おそらく今年の講義においても、これに再び言及しなければならない箇所が出てくるだろうと思う。部分的にはきわめて倒錯したこの見解を神秘主義と呼ぶことにより、真の宗教的な見解から区別することは目的に適ったことである。私自身こうした区別をするためにいつもこの名称を用いた。しかし私の教説は、こうした神秘主義とははなはだかけ離れており、大変それを嫌うものである。私は問題をそのように解する。しかし狂信者たちはどうであるか。前述の区別は彼らの目には、ちょうど彼らが奉ずる哲学の目からも隠されているように、まったく隠されているのである。彼らの批評、彼らの論文、彼らの人を面白がらせる著作、彼らの一切の陳述——できる人はそれを点検しうるし、また他の人々は私の言葉を文字通り信じることができる——などでの、前述の満場一致の決議により彼らが神秘主義と名づけ、実際この名称の下に破門を宣告するものは常に、真なる宗教、精神および真理における神の把握なのである。したがって、この教説をも神秘主義とする彼らの警告は、若干言い換えるならば以下のことにほかならない。「あそこで人は諸君に、端的にいかなる外的感官にも入らない、ただ純粋思惟によってのみ把握されるべき精神的なものの存在を説くであろう。もし諸君がこれに聴き従うならば、諸君においては万事休すである。なぜなら、人が手で触れるもの以外の何ものも存在せず、それ以外の何ものについても心配する必要がないからである。他のすべてのものは、手で触れられるものからの抽象にすぎず、全然内容をもたないのである。これらの夢想家たちは、こうした抽象物を手で触れられる実在と取り違えている。人は諸君に思考の実在性や内的自立性、創造力について説くであろう。もし諸君がこれを信じるならば、諸君は現実の生活において破滅する。なぜなら存在するものと言えば、まず第一に胃腸、次に胃腸を支え食物を運び込む器官だけであるから。夢想家たちが観念と名づけるものは、そこから立ち昇る靄《もや》のようなものなのである」。われわれはこの非難全体を承認する。そして喜ばしく高揚した感情でもって、こうした言葉の意味においては、われわれの教説は言うまでもなく神秘主義であることを認める。これによりわれわれは彼らと新しい闘いを始めたのではけっしてない。われわれは大変古く、けっして解決も調停もされえない闘いを闘っているのである。すなわち彼らは言う。すべての宗教は――彼らは前述の迷信のことを考えているのだろう――極力排斥すべきもの、有害なものであり、この地上から根絶されねばならない。そうあらねばならない、と。しかしわれわれは言う。真の宗教は最高に人を浄福にさせるものであり、またこの世において、かつ一切の永遠性において、人間に現存、価値そして尊厳を与える唯一のものである。さらにわれわれはできる限り、こうした宗教がすべての人にもたらされるために、全力で努力しなければならない。われわれはこれを絶対的な明証性をもって洞察する。また、そうあらねばならない、と。

　彼らが「それは宗教である」と言うべきときに、むしろ好んで「それは神秘主義である」と言うのには、当面の議論とは別の理由があるほか、以下の理由がある。彼らはそのように命名することにより、一方この見解によって不寛容、迫害心、反抗、市民の騒乱がもたらされ、一言で言えばこうした考え方は国家にとって危険である、というような恐怖心を密かに人心に吹き込もうとするのである。他方、より重大なことに、こうした考察に従事する人をその健全な悟性の保持について不安に陥れ、こうした道を進むならば遂には白昼に幽霊を見るようになるかもしれない——それは特に大きな不幸であろう——とほのめかすのである。まず国家にとって危険であるという最初の点に関しては、彼らは危険視すべきものの命名において取り違えている。そして疑いもなく、誰もこの取り違えに気付かないだろうと確信している。なぜなら、彼らが神秘主義と命名する真の宗教も、またわれわれが神秘主義と命名するものも、いまだかつて他を迫害したり、不寛容を示したり、市民の騒乱を惹起したことはないからである。教会史や異端史、迫害史全体を通じて、迫害される者はいつも比較的より高い立場に、迫害する者はより低い立場に立っていた。後者はわれわれが右で述べたように、自分の命のために闘うのである。否。不寛容さや迫害心、国家における騒乱を惹起するのは、ただ彼ら自身の所有する才能、つまり倒錯の狂信主義なのである。もしそれが得策であるならば、その束縛された人々が今日にも解放されることを私は希望したいくらいである。そうすれば人は、彼らが何をやり始めるかわかるであろう。第二の、健全な悟性の保持という点に関して言えば、健全な悟性の保持はまず身体的組織に依存する。そして身体的組織への影響に対しては、精神の最低の平凡さや劣悪さでさえもけっしてわれわれを保護するものでないことは周知の事柄である。したがって心配された危険から逃れるために、こうした平凡さや劣悪さに身を委ねる必要はない。それどころか私の知る限り、また私が生まれてから見聞した限り、ここで言われているような考察の中に生き、それらをたえざる日常の仕事としている人々でさえも、けっしてそうした精神錯乱の危険にさらされることもなく、幽霊も見ず、他の人々同様、精神・肉体ともに健全に生きているのである。彼らが生活においてしばしば、大多数の人々が彼らの立場にあったならばしたであろうことをせず、また逆に大多数の人々がしなかったであろうことをするのは、前者の場合には行為可能性を、後者の場合には結果を見通す洞察力が彼らに欠けていたからなのではない。もちろん、彼らの立場にあったならばその知られていることを確実に行ったであろうような人はそう信じるしかないが、別の理由によるのである。なるほど精神的に病的な人々は常に存在し、彼らは自分の家計簿――もしくはその他彼らがしているどのような実際的なことでもよいが――以上に先に進むと、ただちに精神錯乱の状態に陥るのであろう。こうした人々は自分の家計簿をもてあそんでいるがよい。ただ私は――おそらく比較的少数であるが――明らかに劣等な部類に属する彼らから、一般的法則が借用されることのないように、また人間の中に弱者や病人がいるからといって、全人類が弱く病的なものとして扱われることのないように希望するのである。人が聾唖《ろうあ》者や盲人のことも心配し、彼らに教育を施す方法を考案したということは、はなはだ感謝すべきことである。とりわけ、聾唖者や盲人にとって。しかし、健常者と並んで聾唖者や盲人もいるという理由で、もしこうした教育方法を健常者にも一般的教育方法として施そうとして、それですべての人に配慮したと確信するようなら、それは健常者にとって少しもありがたいことではない。もし健聴者が自分の聴覚に敬意をはらうことなく、聾唖者同様に苦心して語り、唇の動きで言葉を認識することを学ばねばならないとすると、また、目の見える人が自分の視覚に敬意をはらうことなく、文字を点字によって読むはめになれば、これは健康な者にとっては少しも感謝に値することではないであろう。それにもかかわらず、もし公的な教育制度が聾唖者や盲人の意見に左右されるならば、こうした措置がただちにとられるであろう。

以上が、今回諸君に伝えるべきと思われた予備的注意および予備的考察である。来週私は諸君にこの講義の基礎を――それは同時に全認識の基礎を含むものである――新たな側面から、また新たな光の中で叙述することを試みるであろう。諸君の御来聴を切に期待する。

第三講

尊敬する諸君。

第一講においてわれわれは、生きているかのように現れているもののうち、かならずしもすべてが実際に生きているわけではない、と主張した。第二講においては、大多数の人間は一生涯真なる本来の思惟に達せず、臆見にとどまる、と述べた。思惟と生、非思惟と死、という二つの名称がそれぞれ同一のものを意味することは推察されることであるし、またここでわれわれが行った他の主張からもすでに明らかになっていることと思う。なぜなら以前、生の本領は思考の中にあるとされたが、これにより非思惟が死の根源であるということになるからである。

ただしこの主張の前には、諸君に注意せねばならない容易ならぬ難点が立ちはだかる。すなわち生が、例外なく妥当する法則によって規定された有機的な全体であるとすれば、生に属する諸部分が存在する場合に別のある一部分だけが存在しないということ、また、生に属する諸部分がすべて存在せず、したがって生全体が完全な有機的統一において存在していない場合に、ある一部分だけが存在しうるということは、一見したところ不可能に見えるのである。この難点を解決することによって、われわれは諸君に本来的思惟と単なる臆見との差異を明らかに示すことができるであろう。これはすでに前回予告しておいた最初の作業である。これを片付けた後でわれわれは今回の企図、すなわちすべての認識の諸要素における本来的思惟そのものに着手しようと思う。

右の難点は以下のように解決される。精神的生の存在するところでは、この生に属するものはすべて例外なく、まったく中断なく法則に従って生じる。しかし、これら機械的必然性にも似た絶対的必然性によって生じるものが、すべて必然的に意識に入るというわけではない。それは法則の生であるが、けっしてわれわれの生ではない。われわれに特有のもので、われわれに属している生ではない。われわれの生とは、法則に従って生起した生のうち、明晰な意識をもってわれわれに把握され、この明晰な意識の中で愛され享受される部分にすぎない。愛のあるところに個人的生がある、とわれわれは以前述べた。しかし愛は、明晰な意識があるところにのみあるのである。

この講義において唯一生と名づけられるこうしたわれわれの生の発展は、法則に従い生起した全体的生において、生理的な死と同様に生じる。生理的な死はその自然な進行の中で、最も外部的で生の中心から隔たっている四肢から始まり、次第に中心に広がり、最後に心臓を襲う。同様に、精神的で自らを意識し、自らを愛し、自らを享受する生も、まず四肢および一番遠方にある生の外郭から始まり、神がそう欲するように、ついに生の真なる中枢および中心点に現れるのである。ある古代の哲学者は、動物は土から発生したものである、と主張した。さらに加えて、これは小動物においては今日に至るまで行われている、と主張するのである。たとえば春、特に温かい雨の後で蛙を見かけるが、前肢などはすでに発達しているのに他の肢体は自然のままの未発達な土塊ではないか、と。哲学者の語るこの未成熟な動物は、それが証明しようとしているところを証明しているとは言いがたいが、しかしこれは一般の人々の精神的生に対するはなはだ適切なイメージを提供してくれる。一般の人々においては、生の外部的な四肢はすでに十分に発達し、その末端にまで温かい血が流れているが、胸やその他高貴な生の部位においては――これらの部位もそれ自体において、また法則に従ってもちろん現存しているし、かならず現存しなければならない。なぜなら、もしそうでないとすれば、外部的な四肢も現存することができないからである――彼らはまだ感情なき土塊であり、冷たい岩である。

まず最初に、適切な例を用いてこのことを諸君に納得させたい。私はきわめて明瞭に述べるつもりであるが、述べようとする事柄が新しいゆえに特に注意をしていただきたい。われわれは外界の対象を見たり、聞いたり、触れたりする。と同時に、この見ることなどとともに、われわれはまたこれらの対象を思惟する。そして内的感官によって対象を意識しているのと同様に、同じ内的感官によって、われわれがこれらの対象を見たり、聞いたり、触れたりしていることを意識している。普通一般の思考力をもつ人ならば、以下のようには主張しないであろう。つまり、同時に対象を内的に意識することなく、またこの対象を見たり、聞いたり、触れたりすることを意識することなく、この対象を見たり、聞いたり、触れたりできるとか、意識なくしてある特定のものを見たり聞いたりできる、などと主張したりはしないだろう。こうした外的感官知覚および内的思惟が同時に存在すること——同時存在（Zugleichsein）と私は呼ぶ——と非分離性、まさにこれのみが実際の自己観察の中に、意識の事実の中にあるのである。しかし、よく注意していただきたいのだが、この二つの要素——外的感官と内的思惟——の関係、つまり原因と結果、もしくは本質的なものと偶然的なものというような関係は、けっしてこの意識の事実の中にはない。にもかかわらず両者のあいだにこうした関係が想定されるならば、それはけっして実際の自己観察によりなされるのではなく、また事実の中にあるのでもない。これが諸君によく理解し記憶していただきたい第一のことである。

しかし第二に、実際の自己観察以外の何か他の理由によって——考えられるどのような理由によるかはここで問題にしない——この二つの成分のあいだにそのような関係が措定され、想定されるとした場合、一見したところ両者は常に同時にかつ相互に分離せず存在するために、同列に置かれねばならないかのように見える。さらに、内的思惟が外的感官知覚に対する根拠かつ本質的なものであり、外的感官知覚は根拠付けられたものかつ偶然的なものであるかのように見えながら、またその逆も可能であるかのようにも見える。このように二つの想定のあいだに解きがたい疑問が生じ、この関係についての最終的な判断を拒否するかのように見えるのである。一見したところでは以上のようだと私は言おう。しかし、もし誰かより深く見るならば——内的意識は外的感官を同時に包括するゆえに、またわれわれは見ること、聞くこと、触れることを意識するが、逆に意識を見たり、聞いたり、触れたりすることはけっしてなく、よってすでに直接的な事実において意識がより高次の位置を占めるゆえに——その人は内的意識を主要物、外的感官を副次物とみなし、後者を前者から説明し、前者によって制御することをはるかにより当然のことと認め、その逆は認めないであろう。

こうした場合、月並な考え方ではどうなるのか。月並な考え方にとっては難なく、外的感官がいたるところで真理の最初で直接的な試金石である。見られるもの、聞かれるもの、触れられるものが、それが見られ、聞かれ、触れられるという理由により、存在するのである。思惟および対象の内的意識は中身のない添え物として後から来るものであり、人はそれをほとんど認めず、またそちらから押しかけてこないならばそれなしですませたいようなものなのである。そしてどこにおいても、思惟されるがゆえに見られ、聞かれるのではなく、見られ、聞かれるがゆえに思惟され、しかも「見る」と「聞く」の監督の下に思惟されるのである。先日言及した、倒錯した愚劣な近代哲学が、俗物の実際的な口吻でこれに唱和する。そして「外的感官のみが実在の根源であり、われわれのすべての認識はただ経験にもとづく」と平然と言ってのける。あたかもこれが、何人も異議を挟むことのない公理であるかのようにである。だが、こうした月並な考え方とその代弁者が、上述の疑問の根拠および反対の関係を想定する積極的な手引きを、あたかもそれが存在しないかのように、容易に無視するようになったのはどういうわけか。なぜこうした月並な考え方にとっては、深い研究も要せず一見してはるかにより自然でより本当らしいとわかる反対の見解が隠されているのか。すなわち、すべての外的感官はそのすべての対象とともにただ一般的思惟においてのみ基礎付けられていること、また、感覚的知覚一般は思惟においてのみ、かつ思惟されたものとしてのみ、つまり一般的意識の規定としてのみ可能なのであり、意識から離れてそれ自体においては不可能である、という見解がなぜ隠されているのか。われわれが見たり、聞いたり、触れたりしているのはまったく真実ではなく、われわれはただわれわれの見ること、聞くこと、触れることを意識しているにすぎないという見解、また、われわれが好み、唯一正当な見解として絶対的な証明をもって把握し、その反対を明白な背理とみなしている見解、こうした見解が、いやそれのみならずその可能性までが、なぜ月並な考え方にとっては隠されているのか。説明は簡単である。すなわち、「こうした考え方の下す判断は、その実際の生の段階の必然的な表現である」。彼らの生は目下のところ、始まりつつある精神的生の末端としての外的感官に宿っている。彼らは最もいきいきした実存をもって外的感官に居合わせており、ここにおいて彼らは自己を感じ、自己を愛し、自己を享受するのである。したがって彼らの信仰も、必然的に彼らの心のあるところに移される。これに対して思惟においては、彼らの生はようやく結晶し始めたところである。未だ生気ある肉と血ではなく、どろどろした塊である。ゆえに彼らにとって思惟は、自分とは異質な、自分にも物にも属さない靄《もや》のように映るのである。もし彼らが見ることや聞くことの中においてよりも、思惟の中においてより力強く存在し、よりいきいきと自己を感じ享受する日が来るならば、彼らの判断もまた違ってくるだろう。

月並な見解にとって思惟は、その最も低い現れ方における思惟でさえも、そのようにくだらなく価値のないものである。なぜなら、月並な見解は生の中心を未だ思惟に置かず、精神的触覚は未だそこまで発達していないからである。思惟の最も低い現れ、と私は言った。なぜなら、外的対象の思惟は外的感官知覚と対の像をなし、これを真理についての競争者としているために、思惟の最も低い現れなのである。本来的なより高い思惟は、外的感官の助けを借りず、外的感官に一切関係せず、純粋な精神的客体を端的に自らの中から創造する。通常の生においても、たとえば世界や人類の発生の仕方、もしくは自然の内的法則などが問題になるときは、この種類の思惟が生じる。前者の場合には、世界の創造に際しまた人類の始まり以前に、それを見て伝えるべき観察者が存在しなかったことは明らかであり、後者の場合には現象についてではなく、すべての現象がそこにおいて一致すべきものについて問われていることは明らかである。したがって目に見える出来事ではなく、目に見えないが存在し、そのように存在し、それとは別様にはありえないという思惟必然性が与えられねばならないのである。したがって思惟自身からのみ生じる客体がある。この第一の点をよく理解し、洞察していただきたい。

月並な考え方は、より高い思惟の事柄に関しては以下のように振舞う。すなわち他者に、あるいはより力があるときは自分で、想像力と名づけられる自由で無規則な思惟を用いて、どのようにこの問題とされた現実に達しえたのか、いくつかの可能性のうちの一つを考えださせるのである（学校用語では、仮説を立てる）。そして、これを自分の傾向性や恐れ、希望、あるいはその他、目下力を揮っているどのような感情でもよいが、これらと照らし合わせ、これらが賛同する場合、その仮説は永続不変な真理として確定されるのである。いくつかの可能性のうちの一つを考えだす、と私は言った。これがこうしたやり方の主要な特徴であるが、この表現は正しく理解されなければならない。すなわち、あるものがいくつかの仕方で可能であるということは、それ自体においては真ではなく、すべて現存するものは唯一にして完全に規定された仕方において可能であり、現実的であり、同時に必然的である。いくつかの可能性を仮定することがすでに、このやり方の根本的な誤謬である。加えてこのやり方は、それらの中から一つを一面的に偏って採用するが、これはその傾向性以外の何ものからもその正しさを証明できない。これは私が実際の思惟に対して臆見と名づけるものである。この本来的で、われわれの言うところの臆見は、思惟と同様に感覚的経験の彼方にある区域を自らの領域とし、ここを他者あるいは自分の想像力から生じた産物で埋める。これらのものはただ傾向性の力を借りて、その存続と自立を保っているにすぎない。こうしたことは端的に、精神的な生が未だに盲目的な愛着もしくは盲目的な嫌悪という末端に宿っていることにより生じるのである。

実際の思惟が超感覚的領域を満たす方法はこれと異なる。この場合、可能的なものと現実的なものおよび必然的なものは、唯一にして多数にあらず、案出されるのではなく自ずから出現する。しかも自分以外のものにより自らを証明するのではなく、自らの証明を直接自らの中で遂行し、思惟されるやいなや唯一可能なもの、端的かつ絶対的に真なるものであることが思惟にとって明らかになるのである。それは揺るがない、懐疑の一切の可能性を端的に否定した確実性と明証性をもって魂を捉えるのである。上述のように、この確実性は思惟の生きた行為を直接その活気と行いにおいて捉え、ただそれのみをよりどころにする。こうした確実性にあずかろうという人は、自分自身独力で確実なものを思惟しなければならず、他人に代行させるわけにはいかない。以上述べたことはただ前置きである。さて、これより諸君とともに、認識の最高の諸要素における本来的思惟の遂行に進もうと思う。

本来的思惟の第一の課題は、存在を厳密に思惟することである。以下のように考えていただきたい。「本来の真なる存在は、生成するものではなく、発生するものでもなく、非存在から出現するものでもない」と私は言う。なぜなら生成したものに対しては、その生成の元となった力をもつなんらかの存在者を前提しなければならない。もしこの第二の存在者もより以前に生成してきたものであるとするならば、この第二の存在者に対して、その生成の元となった力をもつ第三の存在者を前提しなければならない。この第三の存在者もまた生成したものとすれば、これに対して第四の存在者を前提しなければならず、こうして無限に続く。結局諸君は、生成せず、したがって自らの存在のために他の存在を必要としない存在、つまり端的に自らを通して、自らによってかつ自らより存在するような存在に到達しなければならない。私は諸君に、一切の生成するものから離れて一度は到達しなければならないこの存在の中に、最初から腰を据えるよう要求する。もし諸君が私とともにこの課せられた思考だけを遂行したならば、真なる存在を自らによって、自らより、自らを通して存在する存在として思惟することができる、と納得するだろう。

第二に私は以下のように付け加える。「この存在の内部においても、いかなる新しいものも生成せず、いかなる形成や変化、交換もない。それは今あるように永遠の昔からあり、未来永劫変化しない」。なぜなら、それは自らによってあるがゆえに、全体的かつ不可分的に、また欠けるところなく、自らによって存在しえ、かつ存在しなければならないもののすべてだからである。もしそれが時間の中で何か新しいものになるとすれば、それは自分以外の存在によってそうなることを妨げられていたか、もしくは自分以外の存在の力が今初めて作用し始めたためにこうなるのか、いずれかである。しかしこの二つの仮定は、存在の絶対的独立性と自立性に真っ向から矛盾する。よってもし諸君が課せられた思考を自分で遂行したならば、存在は多ではなく端的に一として、かつまた自らの内に完結完成した絶対的に無変化の同一性として、考えられるべきことが明らかになるだろう。

第三に諸君はこうした思惟によっては、単に自らの内に閉じこもり、隠れ、埋没する存在に到達するだけで、現存には、すなわちこの存在の表出と開示には達しない。私は諸君がこのことをただちに理解されることを願う。もし諸君が始めに述べた存在の思考を十分厳密に考えられたならば、もちろん理解されるであろう。またいまや、この思考の内に何が含まれ、また何が含まれないのか、お気付きになるだろう。この洞察を不明瞭にしかねない自然な錯覚については、後程詳述することになるだろう。

以上のことをさらに究明したい。私は存在――内的で自らの内に隠れた存在――を現存と区別し、両者をまったく対立的で、直接には結びつかない思考として提示した。この区別は大変重要であり、これによってのみ明瞭性と確実性が認識の最高の諸要素にもたらされるのである。さて、とりわけ現存とは何かということは、現存の現実的な直観によってのみ最も明らかにされるであろう。すなわち「直接的にかつ根底において、存在の現存は、存在の意識もしくは表象である」と私は言う。このことは「ある（Ist）」という言葉において、つまりこの言葉をある対象に、たとえばこの壁について用いた場合に、諸君にもただちに明らかになるだろう。壁がある、という命題の中の「ある」とはそれ自体何であるのか。それは明らかに壁そのものではなく、壁と同一ではない。またそのように自ら称しているのでもなく、かえってそれは第三人称によってこの壁を、それから独立した存在者として、自らより排除しているのである。すなわちそれは、自立した存在のただ外的な特徴あるいは像（Bild）として、もしくは最も的確に表現しうる上述の言葉を借りるならば、壁の直接的で外的な現存、〔壁の〕存在の外の〔壁の〕存在、と自称しているのである（以上の試みが、最も厳密な抽象と最もいきいきした内的直観を必要とすることを、告白せねばならない。また、検証として補足されることだが、特に最後の表現が完全に的確であることを理解できない人は、この課題をまだ果たせていないのである）。

月並な考え方はこのことに注意を払わない。そのため多くの人には、私の言ったことはまったく新鮮で耳新しいことかもしれない。その理由は、彼らの愛と心が即座に客体へ急ぎ向かい、客体にのみ関心をもち、客体に没頭して、「ある」をじっくりと観察する余裕もなく、これをまったく逸してしまうためである。そのために、われわれは永久に前庭、すなわち現存にとどまるにもかかわらず、現存を飛び越え、存在自身に到達したようにいつも思い込んでしまうのである。まさにこの日常の錯覚が、先に諸君に要求した命題を不明瞭にした第一の原因なのである。われわれはこのことをよく洞察し、一生涯これを銘記しなければならない。

存在の意識、存在に対する「ある」は、直接的に現存である。そうわれわれは言った。あたかも意識は現存の多数ありうる形式やあり方および方法の一つであり、まだほかに多くの、おそらく無限の現存の形式や方法がありうるかのように見せかけながら。この見せかけを残してはいけない。なんといってもわれわれは、ここにおいて臆見ではなく真なる思惟を欲しているのである。そして結果という点でも、こうした可能性を残しておくと、浄福の唯一の源泉である絶対者との合致は成立せず、かえってこれにより絶対者とわれわれとのあいだに測り知れない隔たりが生じ、すべての不幸の真の源泉となるであろう。

第四として、ゆえにわれわれは、存在の意識が存在の現存の唯一可能な形式と方法であり、よって直接かつ端的に、また絶対的に存在の現存であることを、思惟において明らかにしなければならない。諸君には次のように考えていただきたい。存在が存在として、存在のままに、しかもその絶対的性格を放棄せず、また現存と混ざり合い混同することなく、現存しなければならない。ゆえに存在は現存から区別され、現存に対立して措定されなければならない。しかも絶対的存在のほかにはその現存があるだけなので、この区別と対立措定は現存そのものの中に現れなければならない。すなわちより明確に言うと、現存は自己を単なる現存として把握し、認識し、像化しなければならない。そして自己自身に対峙するものとして、絶対的存在——現存は、まさしくこの絶対的存在の単なる現存なのである——を措定し、像化しなければならない。すなわち現存は自らの存在によって、他の絶対的現存に対峙して自らを破棄しなければならない。これがまさしく存在の単なる像や表象および意識の特徴である。これらはすべて上述の「ある」の説明において諸君がすでに発見した通りである。よって、われわれが課せられた思惟を遂行したならば次のことは明らかであろう。すなわち、存在の現存とは必然的に（現存）自身の自己意識——絶対的に自らの内に存在している存在についての単なる像として——であり、それ以外のものではありえないのである。

以上のこと、および知識と意識が絶対的現存、あるいはこう言いたければ、唯一可能な形式における存在の表出と開示であることを、知識はきわめてしっかり把握し洞察することができる。また、われわれ全員がいましがたそれを洞察したと一応前提する。第五のことになるが、しかしこの知識はそれ自身の内において次のことを理解することはできない。つまり、いかにして知識自身は生じるのか、またいかにして内的で自らの内に隠れた存在から現存が、存在の表出と開示が、結果するのか、という問題である。われわれが上述の第三の点を論じた際に明白に見てきたように、そうした必然的な帰結はわれわれにとっては存在しない。これは右に示したように、自己把握が現存の本質と切り離せないために、自己を見出し、把握し、前提することなしには、現存はありえないことによる。したがって現存にとって、自らの現存の絶対性により、また自らの現存に対する拘束性により、自らの現存を超えてその彼方において自らを把握し、演繹する一切の可能性は断たれているのである。現存は自らに対し、かつ自らの内にあり、それで十分なのである。どこにあろうとも現存はすでに自らを見出し、かつある一定の仕方で規定されたものとして自らを見出す。現存はこの仕方を、与えられるままに受け取らなければならない。どのように、また何によってこの仕方が生じたのか、説明することはできない。知識のこうした現存の仕方、つまり不可変的に規定され、ただ直接的な理解力と知覚によってのみ把握されるべきこの仕方が、知識における内的で真に実在的な生なのである。

第六として、こうした知識の真に実在的な生は、その特別な規定に関しては、知識において説明されえないにもかかわらず、一般的には解釈されうる。それが内的な真の本質によると何であるかは理解され、絶対的明証性をもって洞察されうる。次のように考えていただきたい。われわれが先に第四の点において得た、現存は必然的に意識であるという洞察、およびこれと関連した一切のことは、単なる現存そのものとその概念から帰結された。さて、この現存自身は、自らの上に静止しかつ固定しながらある。それは、それ自身に関する一切の概念よりも先にあり、この概念に対して解明されることはない。先程証明したように、われわれはこうしたものを、その存在、つまり実在的でただ直接的に知覚されうるもの、すなわち生と名づけたのである。それにしても現存はどこからこの存在を得るのであろうか。つまり、自分自身に関する概念より帰結する一切の存在からはまったく独立し、むしろこれに先行し、このもの自体を初めて可能ならしめる存在を。「それは絶対者自身の力強い生きた現存であり、この現存だけが存在し、現存することができるのであり、それ以外には何も存在せず、また真に現存しない」と、われわれはすでに述べた。だから絶対者は、自分自身によってのみ存在することができると同様に、自分自身によってのみ現存することができる。また、絶対者以外の何者も存在しかつ現存することはできないので、絶対者自身が現存しなければならず、他の何者も代わりに現存してはならない。絶対者は、自らの内においてあるがままに、端的に現存する。全体として、分けられることなく、留保なく、変化や変遷もなく、内的にもそうであるように絶対的な同一性として。したがって知識の実在的生は、その根底において絶対者自身の内的存在かつ本質であり、それ以外の何ものでもない。絶対者もしくは神と、生の最深の根底における知識とのあいだには、いかなる分離も存在せず、両者は相互にまったく合致している。

こうしてわれわれは今日すでに、これまでの主張をより明らかにし、今後の途上に光を投じる地点に到達した。何か生ける現存者——ただしすべての現存者は、これまで見てきたように、必然的に生かつ意識であり、死せるものや無意識のものは現存さえしない、そうした意味での生ける現存者——はまったく神から分離する心配はなく、こうしたことは端的に不可能である。なぜならば、現存者は自らの内における神の現存によってのみ現存に保たれるのであり、もし神が消え去りうるようなことになれば、それ自身も現存から消え去るであろう。ただしこの神的現存は、精神的生の低い段階ではただ不透明な覆いの背後に、また混乱した影像において見られるのである。こうした覆いや影像は、人が自己や存在を見る際に用いる精神的感官に由来する。覆いを取って明瞭かつ明確に、神的現存を神的な生および現存として見つめ、このように把握された生に愛と享受をもって沈潜することが、真なる生であり、筆舌に尽くしがたい浄福な生なのである。

「一切の生の中において現存するのは、常に絶対的で神的な存在の現存である」とわれわれは述べた。この一切の生の下にわれわれは、この講義の始めに指摘した、法則による一般的な生、すなわちそうある以上それ以外にはありえない生を理解する。ただ人間の精神的生の低い段階においては、神的存在はそれ自体としては意識にのぼらない。しかし精神的生の本来的な中心点においては、神的存在は明白にそれ自体として意識に現れる。また、先程われわれに対して現れたものと一応前提する。しかしながらそれ自体として意識に明らかになるとは、先程必然的に演繹された現存および意識の形式としての像や描写、もしくは概念に入ることにほかならず、この概念は、事柄自体ではなく単なる概念として明白に自らを表す。直接的に実在的な存在をともない、かつ像なしに、神的存在は以前から人間の実際の生に入り込んでいる。ただそれは認識されておらず、認識された後もまったく同様に実際の生に入り込み続けるのであるが、ただその上、像においても認知されるだけである。この像という形式はしかし、思惟の内的本質である。特にここで観察された思惟は、自分自身に依拠し、自分自身を証明すること（われわれはこれを思惟の内的明証性と呼んだ）において、絶対性の性格を有している。そしてこれによって自らが、純粋で本来的・絶対的思惟であることを証明する。こうしてすべての側面から、純粋思惟においてのみ、われわれと神との一致が認識されうると証明されたのである。

　すでに述べたが、さらに明確に強調し、諸君の注意を促さなければならないことがある。すなわち、存在は一にして多にあらず、変化変転せず、説明のつかない仕方で全体であり、そのように内的で絶対的な同一である。また同様に、現存もしくは意識は、ただ存在によってのみあり、かつ存在の現存であるために、絶対的に永遠で変化変転なき一であり、同一である。現存は、絶対的な必然性をもってそれ自体においてそのようにあり、また純粋な思惟においてそのようにあり続ける。現存の中には、直接的で生きた思惟のほかには何もない。思惟と私は言うが、それはけっして死せる実質としての、思惟が内在する思惟者ということではない。思惟しない人は即座にこうした誤解〔非思惟〕に陥りやすい。繰り返すが、現存の中にはそのような思惟の実在的生のほかには何もない。この実在的生は、その根底においては神的生である。また、この思惟と実在的生の両者は一つの内的な有機的合致へと融合しており、同様に外的には一つの合致、永遠の単一性、不変的な同一である。しかしながらこの外的合致に反して、思惟においては多様性の見せかけが生じる。それは、一つにはさまざまな思惟主体が存在しなければならないためであり、また一つには客体の無限の連続があり、この上をその主体の思惟は永遠に走り続けなければならないためである。したがってこうした仮象は、純粋な思惟に対しても、またその中の浄福な生に対しても生じる。純粋な思惟といえども、こうした仮象の存在を取り除くことはできない。しかしこの思惟は仮象をけっして信じることなく、愛さず、また仮象において自らを享受しようともしない。これに対し、すべての低い段階における低い生は、多様なるものから生じ多様なるものの中にある仮象を信じ、これに自らを散乱、寸裂させ、この中に安らぎと自己享受を求める。だがこの仕方においては、自己享受を見つけることはないだろう。以上述べたことは第一に、私が第一講において真なる生と仮象の生とに関して叙述したことを説明するであろう。外的には、生のこの二つの相反する仕方は、相互にきわめて類似している。すなわち両者とも共通の同じ対象の上を通り過ぎ、その対象は両者において同じ仕方で知覚されるのである。しかし内的には、両者はいちじるしく相違している。真なる生は、多様なるものや可変的なものの実在性を信じない。真なる生が信じるのは、ただ神的本質の中におけるこれらの永遠で不変な根底だけなのである。そして、すべての思惟、すべての愛、すべての従順、すべての自己享受をもって、変わることなくこの根底の中に融合し、埋没する。これに対して仮象の生は合致を知らず、もしくは把握せず、多様なるものや過ぎ行くもの自体を真なる存在と思い込み、それ自体に愛着する。第二に、以上述べたことは以下の課題をわれわれに課す。すなわち、われわれによるとそれ自体において端的に一であり、また真なる生および思惟においてやはり一であり続けるものが、なぜ現象において——現象が事実上抹消できないことはわれわれも承認するにしても——多様なるものや可変的なものに変わるのであるか。もし、いま触れたこの変化の理由を明確に証明することが、通俗的な講義においては不可能であるならば、私はこうした変化の本当の理由を少なくとも詳細に述べ、諸君に明瞭に報告しなければならない。多様性と可変性の根拠を提示することは、今回述べたことを応用することと並んで、次回の講義の内容となるはずである。諸君の御来聴を期待する。

第四講

尊敬する諸君。

今日の考察を始めるにあたって、われわれの本来の意図、およびこの意図のためにこれまでなされたことを概観したいと思う。

私は次のように考える。すなわち人間は不幸へ運命付けられたものではない。もし人間がただ自ら欲するならば、すでにこの世において、いたるところでいつも、平安、安らぎそして浄福が与えられる。ただしこの浄福は、外的な力やそれによる奇跡によって人間に付け加えられるものではなく、人間が自ら、自らの手によって受け取らねばならないものである。人間の一切の不幸の原因は、多様なるものおよび可変的なものにおいて心が散乱していることである。浄福なる生の唯一絶対の条件は、深き愛と享受をもって、一にして永遠なるものを把握することである。もっとも、この一者は像においてのみ把握されうるのであり、けっしてわれわれ自身が現実に一者となったり、また一者に変ずることはできない。

私はまず、以上述べた命題自体を諸君の明晰な洞察にもたらし、それが真理であることを諸君に確信させることを欲した。われわれはここにおいては、唯一永続的な価値のある教えと啓発を意図しているのであり、ほとんど跡形もなく過ぎ去る一時的な感動、または想像力の喚起を意図しているのではない。こうした明晰な認識を産出するには、以下のことが必要である。第一に人は存在を、端的に自らによってかつ自らを通して存在するものとして、一にして、自らの内において恒常不変なものとして、理解しなければならない。こうした存在の認識は、けっして学者の独占的所有物ではなく、幼年時代に徹底的な宗教教育を受けたキリスト教徒は誰でも、神の本性の説明においてすでに、存在に関するわれわれの概念を受け取ったのである。第二にこの洞察のために以下の認識が必要である。すなわちわれわれ理性的存在者は、われわれ自身何であるのかという点に関して、絶対的存在ではないが、しかしわれわれの現存の最も内的な根底においてはこれと関連しているのである。なぜならわれわれは、それ以外には現存することができないからである。今述べた認識はいまや、いかなる仕方においてわれわれは神性と関連しているのか、という点に関して特に、いろいろな程度で明らかでありうる。われわれはこの認識を、われわれの考えによれば通俗的になしうる限り最高の明瞭さにおいて、以下のように提示した。すなわち神以外に、真に――また言葉本来の意味において――現存するのは、知識（Wissen）だけである。この知識は端的かつ直接的に神的現存そのものである。また、われわれが知識である限り、われわれ自身最深の根底においては神的現存である。これ以外にわれわれにとって現存と映るもの――事物、肉体、霊魂、われわれ自身、ただしわれわれが自らに自立的かつ独立的な存在を帰する限りにおいて――はすべて、真に、それ自体において現存するものではない。それは意識と思惟の内に、意識されたものまたは思惟されたものとしてのみ現存するのであり、けっしてそれ以外の仕方においてではない。以上が、この認識を通俗的な仕方で人々に伝えることのできる最も明確な表現である、と私は言う。しかしたとえ誰かが、これさえも理解できず、それどころかこうした関連の仕方について何も考えられず、もしくは何も理解できないとしても、このことはけっしてその人を浄福なる生から除外するものではなく、また浄福なる生についてその人に損害を与えるものではない。これに対して、私の絶対的な確信によれば、以下のことは浄福なる生に不可欠である。

（一）人が総じて、神およびわれわれの神への関係について、確固とした原則と見解をもつことである。これは単に暗記されたものとして、われわれの参与なしに記憶の中にただよっているようなものではなく、われわれ自身に対して真理として現存し、われわれの中で生きて働いているものでなければならない。なぜなら、まさしくこのことの中に宗教が存するからである。こうした原則をこうした仕方でもたない人はまた、宗教をもたない人であり、したがって存在も現存ももたず、さらには自らの内に真の自己ももたず、多様なるものや無常なるものの傍らを影のようにただ流れ去るのである。

(二) 浄福なる生に不可欠なのは、こうした生きた宗教が働き、少なくとも次のような結果が生じることである。すなわちこれによって、人が自分の非存在と、ただ神の中における神による自分の存在とを深く確信し、この連関をたえず常に少なくとも感じ、たとえこの連関が明瞭に思惟され表明されることはないとしても、これがわれわれの一切の思考や感情、感動、活動の隠れた源泉かつ秘密の規定根拠となるのである。

以上のことが浄福なる生に不可欠に要求されるということは、われわれの絶対的な確信である、と私は言う。われわれはこの確信を、浄福なる生の可能性をすでに前提している人や、浄福なる生またはその生における強化を必要とし、それに向けた導きを聴こうと熱望する人に対して述べるのである。にもかかわらず誰かが、宗教や真なる現存なしに、また内的な平安や浄福なしにすませ、これらなしにも十分やっていけると断言し、またそれが本当だとしても、それはそれで構わない。それどころかわれわれは、そうした人が宗教なしに獲得しうる一切の名誉や尊厳を承認し、また喜んで与え、任せるにやぶさかではない。われわれは機会あるごとに遠慮なく公言する。つまりわれわれは、思弁的な形式においてであれ通俗的な形式においてであれ、何人をも強制し、われわれの認識を押しつけることはできない。また、たとえそれができるとしても、われわれはそれを欲しないであろう、と。

今回の考察の出発点となるのは、前回の講義における以下のような最も明確な結論である。すなわち神は内的に、かつ自らの内に隠れて「ある」だけでなく、また「現存」し、自らを外化（äußern）する。しかし神の現存は直接的には必然的に知識であり、この必然性は知識自身において理解されうる。こうした現存において神は——同様に必然的であり、また必然的なものとして理解されうる——端的に自らの内にあるがままに現存する。つまり、存在から現存への移行においてなんら変化することなく、また両者のあいだには隔たりや分離、あるいはそのようなものは何もない。神は内的に自らの内において一であり、多ではない。神は自らの内において一様であり、変化変転がない。神は自らの内において「ある」がままに「現存」するために、神は一として、変化変転なきものとして現存するのである。そして知識は——もしくはわれわれは——この神的現存そのものであるがゆえに、われわれの内には、われわれがこの現存である限り、変化や変転、多数や多様、分離、区別、分裂はありえない。このようでなければならず、またこれ以外にはありえない。ゆえにこのようにあるのである。

しかし、それにもかかわらず現実においては、存在の、また存在における多様や分離、区別、分裂が見出される。これらは思惟においては端的に不可能なこととして明白である。よってここにおいて、現実の知覚と純粋思惟とのあいだのこのような矛盾を解き、双方の互いに矛盾する陳述がいかにして並立しうるのか、またいかにして両者とも真でありうるのか、ということを示す課題が生じる。そして特に、本来どこからまたどのような原理から、こうした多様なるものがそれ自体においては単一な存在に入ってくるのか、を明らかにすることによって、この課題を解かなければならない。

なんといってもまず第一に、いったい誰が、多様なるものの根拠について問いを発し、この根拠に関する洞察を求め、よってこの根拠から多様なるものが出現するのを眺め、こうして変化と移行がいかに生じるのかについての洞察を得るのだろうか。それは、けっして確固として不動の信仰ではない。こうした信仰は簡単に次のようにまとめることができる。「存在するものは端的にただ一者、不変者、永遠者であり、それ以外には何もない。したがって一切の変化するものや無常なるものは存在せず、それらの現象が空虚な仮象であることはまったく確実である。私がこの仮象を説明できるにせよできないにせよ、できるからといって私の確信がより強固になるわけではなく、できないからといって動揺するわけでもないことを、私は知っている」と。この信仰は「いかに（Wie）」を問題とせず、洞察の「である（Daß）」ことの内に確固として立つ。そのように、たとえば『ヨハネによる福音書』におけるキリスト教は、実際この問題に答えない。それどころか触れもせず、過ぎ行くものが現前するのをただいぶかしむのみである。なぜならば、これはあの確固とした信仰をもち、ただ一者だけが存在し、過ぎ行くものは存在しないと前提しているからである。もしわれわれの中においても、誰かがこうした確固たる信仰に参与しているならば、その人もまたこのような問いを発することはないだろう。その人はわれわれの解答を必要とせず、また浄福なる生に関して言えば、われわれの解答を理解しようがしまいがどちらでもよいのである。

しかしながら、今までただ多様なるものだけを信じ、一者の予感にまで自分を高めたことのない人、あるいは二つの見解のあいだでどちらを取りどちらを放棄すべきか、という不決断の中で翻弄された人は、たぶんこの問いを発するだろう。その人はこの問いに対する解答を通して、浄福なる生を発生させる条件である洞察へ進まなければならない。こうした人に対して私は課せられた問いに答えねばならない。そしてそうした人は私の解答を把握しなければならない。

事柄は以下の通りである。神的現存が直接的にその生きた力強い行為的現存——現存の行為を言い表すために、私は行為的現存と言う——である限り、それは内的存在に等しく、したがって多様なるものには適さない不変不動な一である。それゆえに分裂の原理は——私はここに二つの意図をもつ。一方ある人々に通俗的方法でもって、初めて当面の認識をもたらすことであり、他方諸君の中で、他の場所で専門的方法によりこの認識をすでに得ている人々のために、彼らが以前個々別々に見たものをただ一つの光線と光点の中へ総括することである。ゆえに私は最高に厳密な表現を用いるのだが——それゆえに分裂の原理は直接的に神的現存の行為の中にあることはできず、それの外になければならない。しかしその際この「外（Außer）」が、その生きた行為と直接に結合し、その行為から必然的に帰結することが明らかにされねばならない。この点においてわれわれと神とのあいだに隔たりが生じ、われわれが神から永遠に放逐されるようなことがあってはけっしてならない。私は諸君を以下のようにして多様性の原理の洞察に導く。

（一）　絶対的存在もしくは神であるところのものは、端的かつ直接的に、自らを通してかつ自らによって、それである。そして神はそのほかに現存もする。自らを外化し、また開示する。ゆえに神は――この点は肝要である――自らによって、かつ直接的に自らによってあることにおいて、すなわち直接的な生および生成において、この現存である。神はその実存(Existieren)においては、その実存する力のすべてでもって現存するのである。そしてこのように力強くいきいきと実存することの内にのみ、その直接的な実存が成立する。この点に関して言えば、実存は全体的であり、一であり、不変である。

(二) この点において存在と現存とは完全に相互に合致している。相互に融合し、混和している。なぜなら神の現存は、自らによりかつ自らを通しての神の存在に属し、この現存は他の根拠をもつことができないからである。他方また、神が内的にかつ自らの本質によってあるところのものはすべて、神の現存に属するからである。前回の講義で示された存在と現存の区別および両者の無連関は、ここではただわれわれに対してのみ、またわれわれの制限の結果としてのみあるものとして示される。けっしてそれ自体において、また直接に神的現存の中にあるものとしてではない。

(三) 前回の講義において、私はさらに次のように言った。「存在が存在として(als)、絶対者が絶対者として現れ出るためには、存在は単なる現存において現存と混同されてはならず、かえって両者は区別されなければならない」と。この区別、またこの区別すべき両者の「として（Als）」は、まずそれ自身において絶対的な分離であり、かつそれ以後のすべての分離と多様性の原理である。諸君は以下のような仕方で手短にこれを明らかにすることができる。

（a）まず第一に両者の「として」は、両者の存在を直接的には与えず、両者が何であるかを、つまりそれらの描写や特徴を提供するだけである。「として」はそれらを像において与える。詳しく言うと「として」は、混合しかつ浸透した、相互に規定し合うような両者の像を与える。それにより、両者のうち一方は他方によってのみ、他方でないものとして把握されかつ特徴付けられ、逆に他方は一方によってのみ、一方でないものとして把握され特徴付けられるのである。この区別をもって本来的な知識と意識――同じ意味であるが、諸君が望むならば言い換えて、像化、描写、特徴付け、特性と特徴による間接的な認識および認知――が始まるのであり、この区別することの中に知識の本来的な根本原理があるのである（それは純粋な関係である。二つのものの関係はけっして一方のものの中にも、他方のものの中にもなく、両者のあいだに、第三のものとしてある。このことは、存在とはまったく異なるものとしての、知識の本来的な性質を示している）。

（b）この区別することは現存そのものの中に起こり、現存より生じる。さて、区別することはその対象を直接的に把握するのではなく、対象の「何（Was）」とその特徴を把握するにすぎない。したがって現存もまた区別することにおいて、すなわち意識において、直接的に自己自身を把握するのではなく、ただ像と代理像において自らを把握するにすぎない。現存は直接的に、あるがままに自らを把握するのではなく、把握することの絶対的な本質に備わる限界の範囲内においてのみ、自らを把握するのである。これを通俗的に表現すれば、われわれはまず第一に自分自身さえをも、それ自体あるがままの姿においては把握しないのである。われわれが絶対者を把握しない理由は、絶対者の中にあるのではなく、自らさえも把握しえない概念そのものの中にあるのである。もし概念が自らさえ把握できれば、絶対者をも把握できるだろう。なぜなら概念は、概念の彼方におけるその存在においては絶対者自身だからである。

（c）したがって、神的な存在かつ現存の根本的な本質が変化を受けるのは、区別することとしての意識の中においてである。では、この変化の唯一不変で根本的な特徴は何であるのか。

次のように考えていただきたい。区別することとしての知識は、区別されたものの特徴付けである。しかし一切の特徴付けはそれ自身によって、特徴付けられるものの固定し静止した存在と現前（Vorhandensein）を前提とする。よって、それ自体においては直接的に生ける神的生であり、また先にそのようにも描写されたものが、概念により固定的で現前的な存在となるのである（学者は、客体になる、と付け加えるであろう。しかしこれもそれ自身概念から結果するものであり、その逆ではない）。したがって、ここにおいて変化させられるものは生ける生である。そして生ける生が変化において受け取る形態は、固定し静止した存在である。換言すれば、直接的な生を固定的で死せる存在に変化させるということが、われわれの求めていたこの変化の根本的な特徴であり、概念はこの変化を現存に関して行うのである。その固定的な現前は、われわれが世界と呼ぶものの特徴である。ゆえに概念が本来的な世界の創造者である。概念はその際、その内的特徴から結果し、神的な生を固定的存在となす変化を手段とする。よって世界は、概念の中における生の必然的現象として、ただ概念に対して、また概念の中にのみ存在する。概念の彼方には、すなわち真実にまたそれ自体においては、自らの躍動性のままに生ける神以外には何も存在せず、また永久に存在しないであろう。

（d）世界はその根本的特徴において、概念より生じるものであることが示された。そしてこの概念は、神的な存在および現存に対する「として」以外の何ものでもない。さて世界は概念において、また概念は世界に関わって、他の新しい形式を取るのであろうか。もちろんこれは必然的に理解されることであり、よってこの必然性は納得できるのではなかろうか。

この問いに答えるために、私とともに次のように考えていただきたい。現存は自らを像において、また現存を存在から区別する特徴というものをもって把握する、と私は先に述べた。現存はこれを端的に自らを通してかつ自らによって、また自らの力によって行う。この力は普段の自己観察においても、すべての集中や注意、一定の対象へ思考を向けることの内に現れる（概念のこうした自立的な自己把握は、専門用語では反省と名づけられ、われわれも今後はそのように呼ぶ）。現存および意識のこうした力の使用は、現存の「として」が存在す「べき」であることから結果する。この「べき（Soll）」自体は、神の生ける行為的現存の中に直接的に根拠付けられている。意識の自立性および自由の根拠はもちろん神の中にある。しかしそれゆえに、そして根拠が神の中にあるからこそ、自立性と自由は真に現存するのであり、空虚な仮象なのではない。神は自らの現存により、またその現存の内的な本質に従って、その現存の一部分を、すなわち自己意識となった一部分を、自らより除外し、真に自立的で自由なものとして措定する。この点が、思弁の最終的でかつ最深の誤謬を解決するものであるために、私はここにおいてこれを省略したくなかったのである。

現存は自らを独自の自立的な力でもって把握する。これが、諸君にここで注意してほしかった第一の点である。さてこの把握において、現存に何が生じるのか。これが諸君に考えていただきたい第二の点である。現存はその現前において、まず最初にただ端的に自己を注視するが、この力強い自己集中において直接的に、自分はこれこれのものであり、これこれの特徴をもつ、という見解が生じる。したがって――これが諸君によく理解していただきたい一般的表現である――自己自身への反省において、知識は自己自身によって、また自らの本性によって分裂する。なぜなら知識は、ただ一般的に自らに明らかになるだけではなく――これが第一のものであるが――同時にこれこれのものとしても明らかになるからである。これが第一のものに対する第二のものであり、この第二のものは第一のものからいわば発するのである。ゆえに反省の本来的な基盤は、言ってみれば二つの部分に分裂する。これが反省の本質的な根本法則である。
（e）さて、絶対的反省の第一にして直接的な対象は現存そのものである。この現存は上述の知識の形式により、いきいきした生から固定した存在へ、すなわち世界へ変化したのであった。ゆえに絶対的反省の第一の対象は世界である。この世界は先程演繹した反省の内的形式に従って、この反省の中で砕け散り、分裂しなければならない。すなわち世界もしくは固定した現存は総じて一般的に、定められた特徴をもって出現し、一般的世界は反省の中である特殊的な形態に生まれる。このことは上述のように、反省そのものに依拠する。しかし反省は先程述べたように、それ自身の中において絶対的に自由で自立的である。したがって反省されることがなければ——自由であるゆえに反省をしないことも可能である——何も現象しない。しかし無限に次から次へと反省すれば——同じ自由によってこれもまた可能である——世界は新たな反省のたびに新たな形態において出現し、こうして無限の時間の中で——時間もまた同様に反省の絶対的な自由によってのみ産出される——無限に変化生成し、限りなき多様なるものとして流れ去らなければならない。概念一般が世界の産出者であると先程示されたが、ここにおいては反省の自由な事実が、世界における多様性および無限な多様性の産出者であることが明らかになった。しかし、この世界はそうした多様性にもかかわらず、同一のものとしてとどまる。なぜなら概念一般が、その根本的特徴において一つにして同じものとしてとどまるからである。

（f）　さて、これまで述べたところを以下のように一つにまとめていただきたい。意識もしくは「われわれ」自身は神的現存そのものであり、端的にこれと一つである。この存在において神的現存は自らを把握し、それにより意識となる。その固有な、もしくは神的で真なる存在は意識に対して世界となる。さてこの場合、その意識の中に存在するものは何であるか。私は誰もが「それは世界だ。それ以外の何ものでもない」と答えるだろうと考える。それとも、この意識の中に直接的で神的な生が存在する、というのだろうか。私は誰もが否と答えるだろうと考える。なぜなら意識は端的に、この直接的な生を世界へと変化させざるをえないからである。そして意識が措定されていることそのものによって、この変化も生起するものとして措定されている。絶対的意識はまさしく自らによってこの変化の直接的で、したがって再度意識されない遂行なのである。しかしながら、意識がその直接性においてあるべきあの直接的で神的な生、かの生はどこに消失したのか。というのは、われわれの命題によってまったく必然的となったわれわれの承認に従えば、それは意識において、その直接性の点では回復不能な仕方で根絶されたのであるから。われわれは答える。「それは消滅したのではない。唯一存在しうるところにおいて、すなわち隠れていて、概念には到達不能な意識の存在において、またすなわち唯一に意識を担い、唯一に意識を現存に保ちかつ現存においてて可能にするものの中において、依然として存在している」と。意識において神的生は回復不能な仕方で、固定的な世界へ変化する。さらに、実際の意識はどれも反省行為であり、反省行為は一なる世界を回復不能な仕方で無限の諸形態へ分裂させる。分裂させられたそれら無限の形態の把握は完了されることなく、したがってこの中から常に有限な系列だけが意識に現れるのである。私は問う。それではいったい唯一の、自らの内に閉ざされ完結した世界はどこにあるのか。いましがた演繹された、自らの内に閉ざされた神的生の対照像としての世界はどこにあるのか。私は答える。「世界は、そこにおいてのみそれが存在するところにおいて、つまり個々の反省の中にではなく、概念の絶対的で唯一の根本形式の中に存在する」と。君はこの根本形式を、現実の直接的な意識において復元することはけっしてできないが、この意識を超えた思惟においてはそれをなしうるだろう。あたかも君がこの思惟において、さらにより背後にあり、より深く潜んでいる神的生を復元することができるのと同じように。では、唯一で永遠かつ不変で、神的現存に没する意識の存在は、現実の反省およびその世界形成のたえざる変化の流れにおいては、どこにあり続けるのか。こうした意識の存在はこの変化を被ることはない。ただその代理者、すなわち像がその変化を被るにすぎないのである。

君の肉眼はプリズムのようなものだと言ってよい。その中で感覚的世界の、それ自体等質的で純粋かつ無色な媒介体が、物の表面において多様な色彩に分裂するからである。しかし君はだからといって、媒介体それ自体が色彩をもつとはけっして主張せず、ただ媒介体が君の目において目と交互作用にあり、多様な色彩に分裂するのだと言うだろう。また君は、媒介体を色彩なしに見ることはできないが、色彩なしに思惟することはできるだろう。そして目の本性が君に明らかになった後には、この思惟のみを信じるようになるだろう。精神世界の事柄や精神的な目に関してもそのように考えていただきたい。君が見るのは、永遠に君自身である。しかし君は、見えるがままにそうあるのではなく、またあるがままに見るのでもない。君は不変に、純粋に、色や形態なしにそうあるのである。反省のみが——同じく反省も君自身であり、したがって君はこれから離れることはできない——君に対してそれを無限の光線と形態に分裂させるのである。ゆえに君は知らねばならない。それはそれ自体においてではなく、君の反省においてのみ——反省は精神的な目であり、それによってのみ君は見ることができる——またこの反省との交互作用においてのみ分裂し、形態化され、多様なるもののごとき形態を取るのである。こうした仮象を超えよ——肉眼における色彩と同様、仮象は現実において根絶できないものであるが——、こうした仮象を思惟に向かって超えよ。思惟に君をつかまえさせろ。そうすれば、君は今後ただ思惟にのみ信頼を置くようになるだろう。

以上私が述べたことは、通俗的な講義としては以下の問いに対して十分な答えになると思われる。すなわち存在は、それ自体においては端的に一にして不変不動でなければならず、また思惟に対してはそうしたものであることが明らかであるにもかかわらず、現実的意識が存在の中で見出すような可変性や変転性は、どこから存在の中に入ってくるのか、という問いである。存在はそれ自体においてはもちろん一であり、唯一の神的存在である。そして存在のみが一切の現存の中において真に実在するものであり、また永遠にわたってそうである。この唯一の存在は、反省により――現実的意識においては、反省がこの唯一の存在と不可分に結合している――諸形態の無限の変転へと分裂させられるのである。この分裂は上述のように端的に根源的であり、現実的意識においては止揚されえず、また何か他のものによって取って代わられることもない。よって、それ自体実在的なものがこの分裂を通して得る現実的諸形態は、ただ現実的な意識においてのみ、また人が観察しつつこの意識に身を任せることによってのみ、生きられ、体験されるのである。けっしてそれは考え出されたり、ア・プ、リ、オ、リ、に演繹されるものではない。それは純粋で絶対的な経験であり、経験以外の何ものでもない。自らを理解する思弁ならば、けっしてこれを止揚したいとは思わないであろう。また、おのおのの事物におけるこの経験の素材は、絶対的にその事物にのみ属するものや、その事物を個性的に特徴付けるものであり、無限の時間の流れにおいて再来することはなく、またかつて存在したこともなかったものである。しかしながら先程われわれは、反省の様々な法則における唯一の基本法則を提示した。同様に反省の様々な法則を考察することにより、唯一実在者において分裂により生じる諸形態の一般的諸性質が――この一般的性質に関して一致している類や種が生じる――ア・プリオリに演繹されうるであろう。体系的な哲学はこれを余すところなく完全に遂行すべきであり、また遂行しなければならない。こうして反省の法則により、空間における物質や、時間、諸世界の完結した諸体系などが演繹され、さらに、意識を担いつつそれ自体においてはただ一でなければならない実体が、いかにして様々な自立的に現れる個人の体系へと分裂するのか、といったことや、そうしたたぐいの一切のことが、まったく明瞭に演繹されるのである。しかしこうした演繹は、至福な生の覚醒のためよりも、むしろ特殊な諸学への根本的洞察を産出するために必要なものである。したがって、それは哲学の専門的な講義の独占的所有物となり、通俗的な仕方では説明されえないし、またその必要もない。すなわちここに、上述の点に、厳密なる学問と通俗性とのあいだの境界があるのである。諸君の見たように、われわれはこの境界に到達した。したがって今後われわれの考察が、少なくとも対象という点ではわれわれにすでに知られ、思惟においてわれわれが時折触れた領域へと次第に下って行くであろうことは、容易に推測される。

意識において神的生から生じた世界が、反省の根本形式によって、形態という点では無限に可変的な世界へ分裂するということは、われわれが今回演繹したところであるが、この第一の分裂と不可分に結びついている第二の分裂がある。この分裂においては、この同じ世界は無限にではなく、世界に関する可能的見解の五つの形式に分裂する。われわれはこの第二の分裂を少なくとも歴史的に提示し、諸君の認識にもたらさねばならない。われわれはこれを次回の講義で行うだろう。このような準備の後に初めてわれわれは、真に浄福なる生の内的本質ならびに外的現象を把握することができるだろう。そしてこれを把握した後に初めて、生が浄福にあずかるものであることを、またいかなる浄福にあずかるものであるかを洞察しうるであろう。

第五講

尊敬する諸君。

われわれがこれまで見てきたところによると、浄福は一にして絶対的な神との合一に存する。われわれは、そのいかんともしがたい本性においてただ知識、像、表象であり、一者との一致に際しても、こうしたわれわれの根本形式が消失することはありえない。こうした神との一致においてさえも、神はわれわれの最も固有な存在とはならず、他者として、われわれの外にあるものとして、われわれの念頭に浮かび、われわれはただ熱烈なる愛をもって自分自身を捧げ、これに密着することしかできないのである。神はそれ自体において無形態かつ無内容のものとして、自らの内的な本性に関していかなる特定の概念や認識も与えることなく、それによってわれわれが自分自身とわれわれの世界を思惟し理解するものとしてのみ、われわれの念頭に浮かぶ。神への沈潜の後でも、世界はわれわれにとって消失するのではない。世界はただ異なった意味を得るにすぎない。世界は、われわれが以前考えていたような自らにおいて自立した存在から、自らの内に隠れた神的存在の——知識における——現象と外化になるのである。諸君はこのことをもう一度全体において総括せよ。神的現存は——以前行った区別に従って私は、神の外化と開示をその現存と呼ぶ——端的に自らによって存在し、端的かつ必然的に光である。すなわち内的かつ精神的な光である。この光はそれ自身に依拠しながら、多様で無限な光線に分散かつ分裂しており、このような仕方で個々の光線において自らおよび自らの根源から疎遠になる。しかし他方、この光はそれ自身によってこの分散から再び自らを統合し、自らを一者として把握し、それ自体においてあるものとして——神の現存および開示として——理解することもできる。しかもこの理解においても、その形式においてあるもの、すなわち光であることにとどまり続ける。しかしながらこの状態において、かつこの状態自身によってそれは自らを、それ自身においては非実在的なものとして、すなわちただ神の現存および自己表示として、解釈するのである。

特に前の二回の講義において、とりわけ前回の講義において、われわれの目的としたところは次のことであった。すなわちそれ自体において唯一可能で不変な存在が、他の存在、しかも多様で可変的な存在に変わることを見ること、つまりわれわれがこの変化の場面に立ち会い、われわれの目前においてこの変化が生起する、ということであった。われわれは次のことを見出した。まず第一に、知識一般の特徴——像とは独立して現前し存続する存在の、単なる像としての特徴——によって、それ自体かつ神においてただ行為であり生であるものが、固定的存在もしくは世界一般に変化させられた。第二にはこれに加えて、すべての現実的知識と不可分な反省の根本法則によって、単なる知識に対しては単純なその世界はさらに特徴付けられ、形態化され、ある特殊な世界とされた。すなわち新たな諸形態の終わりなき流れの中で、無限に異なるものへと流出する世界とされたのである。われわれの考えによれば、以上のことからもたらされるべき洞察は、単に哲学者に対してのみならず、神的浄福に対しても同様に不可欠なものである。つまり、もし神的浄福が単に本能的に曖昧な信仰として人間に宿るだけではなく、同時に自己の根拠についての釈明を求めようと欲するならば。

前回の講義ではここまで進み、最後にわれわれは次のように述べた。すなわち、すべての反省の唯一なる根本法則に基礎をもつ世界の無限分裂には、別の分裂が不可分に結合している、と。ここにおいてわれわれはこの分裂を、たとえ演繹はしないとしても、少なくとも歴史的に提示し叙述しなければならない。私はここではこの新しい第二の分裂を一般的にただ次のように述べ、それ以上深入りはしない。第一にこの分裂は、その内的本性において、前回演繹し先程も再び指摘した分裂とは以下の点で異なる。すなわち前者が知識一般の形式により、神的生から生じた固定的世界を直接的に分裂させ分割したのに対し、これから考察しようとする分裂は直接的に客体を分割するものではなく、ただ客体についての反省を分裂させ分割するものである。前者は客体そのものにおける分裂および分割であり、後者は客体についての見解における分裂および分割である。したがって後者は、前者のようにそれ自体においての様々な諸対象を与えることはなく、ただ唯一なる世界を内的に見て受け取り、理解するための様々な仕方を与えるにすぎない。第二に次のことに注意しなければならない。すなわちこの二つの分裂においては、一方が他方を代行しようとして互いに押しのけ合うようなことはなく、およそ反省が――両者は反省の不変な形式である――ある限り、両者は不可分で一挙両存的にあるのであり、したがって両者の結果もまた不可分に相ともない、相並んで進行するのである。第一の分裂の結果は、前回の講義で示したように無限性である。第二の分裂の結果は、これも指摘したように五重性である。よってこの双方の――ここで述べようとする――分裂の不可分性は次のように理解されるべきである。つまり、永続的で取り除くことのできない無限性は、その無限性において五通りに見ることが可能であり、また世界の五通りの可能な見解はそれぞれ、唯一なる世界を無限に分裂させるのである。こうして今まで述べてきたところを諸君には次のように一つの概観にまとめていただきたい。つまり精神的に見ることにおいて、それ自体神的生であるものが見られたものに、すなわちまったく現前的なもの、もしくは世界になる。これが第一の分裂である。この見ることは常に反省と名づけられる行為である。この行為は一方ではその客体すなわち世界に向かい、他方では自己自身に向かうものであるが、この行為によって世界は無限な五重性に、もしくは——同じことであるが——五重の無限性に分裂するのである。これが第二の分裂である。この第二の分裂が今回の考察の主な対象であるので、われわれはここにとどまり、この分裂についてなお以下のように一般的な所見を述べようと思う。

前述のように、この分裂は客体における区分を与えるものではなく、ただ客体についての見解における区分や相違、多様性を与えるだけである。こうした見解の相違——客体の相違ではない——つまりいたるところに存続する同一の客体に関する見解の相違は、唯一存続する世界に関する見解の、曖昧さあるいは明瞭さ、深遠さあるいは浅薄さ、完全性あるいは不完全性のみに依拠するのではないか、という考えが頭に浮かんでくるかもしれない。実際そうなのである。私はすでに講義したことをここで引き合いに出し、それにより当面の問題を明らかにし、また反対に当面の問題によりそれをより明らかにしようと思う。私は第三講において、本来の意味においてわれわれに属する自由で意識的な精神的生の進展は、通常生理的死の進行と同様に起こると言った。つまり両者とも末端の肢体から始まり、次第に中心に及ぶと言ったが、ここで言う世界を受け取る五つの仕方とは、内的精神的生の種々可能な段階、発展度にほかならないのである。第三講において比喩的に精神的生の外郭と名づけたものは、今回の叙述における世界を受け取る五つの可能な仕方の中では、最低で最も曖昧な、最も表面的な仕方であり、また生のより高貴な部分と名づけたものはより高くより明瞭な仕方であり、心臓と名づけたものは最高かつ最も明瞭な仕方である。

しかしその第三講における比喩によっても、また今回の叙述によっても、人間は生の通常の進行においては普通、世界解釈の低い仕方にしばらくとどまった後に初めて、より高い仕方へ自己を高めるものである。にもかかわらずまず第一に、世界についての多様な見解が——少なくとも人間の世界把握の能力においては——真に根源的な分裂である、ということは否定できず、熟考し留意しなければならないことである。次のように理解していただきたい。より高い諸世界観はたとえば時間の中において初めて生じるものではなく、また、それにあくまでも対立する世界観がそれを初めて産出し可能にするのではなく、たとえ何人もそれを把握しなかったとしても、永遠の昔より神的現存の一性の中で、唯一なる意識の必然的規定として現存しているのである。また、それを把握する人は、それを案出し、思惟により作り出すのではなく、ただそれを発見しわがものとするにすぎない。第二に、段階的進歩は通常の進行であり、また通例であるが、例外がないわけではない。少数の霊感を受けた人や恵まれた人は、あたかも奇跡によるかのように、生まれつきの本能により、ことさらにそれを知ることがなくても、より高い世界観に自己を見出すのである。こうした人々は周囲から理解されることなく、彼らもまたその周囲を理解することができない。世界が始まって以来、すべての宗教者や賢人、英雄、詩人は元来このようなものであった。そして地上に存在するすべての偉大なものと善なるものは、こうした人々によってこの世にもたらされたのであった。これに反し、ある人々は——やはり同様にそれ以上は説明のつかない本能によって——俗悪な見解を植え付けられ、また呪縛され、その結果最も明瞭で自明な教導でさえも、彼らの目を一瞬でも地上から上げさせ、手で把握されるもの以外のものを把握させることはできない。その伝染が猛烈な場合は、わずかな例外を除いて一時代全部がそうなることもある。

唯一なる世界の見方について、新たに挙げた区別に関する一般的考察は以上で終わりにする。これからこの区別の各項を提示することにしよう。

世界を捉える方法のうち最初で最低な、また最も表面的かつ混乱した方法は、外部感官に現れるものを世界および実際に現存するものとして、また最高のもの、真なるもの、それ自身において存続するものとして考える方法である。この見解はわれわれの講義においても、特に第三講で十分に叙述し、私の見るところでは明確に特徴付けられており、当初はただ表面的な一瞥を与えただけであったが、すでに十分にその浅薄で唾棄すべき所以が示されたと思う。それにもかかわらずわれわれは、この見解が今日の哲人らの見解であり、彼らによって教育された今日の時代の見解であるということも、同様に承認せざるをえなかった。同時にわれわれは、この見解は彼らの論理から生じるものではなく――なぜならこの見解は、およそ論理と名のつくものとは真っ向から矛盾する――彼らの愛の中にその原因をもつものであることも示した。私はここにこれ以上とどまっているわけにはいかない。なぜなら、この講義においてもわれわれはもっと議論を進めねばならず、したがって永久に片付いたと考えられることにいつまでも関わってはいられないのである。もし誰かが感官に固執し、なお依然として「これらの事物こそ明らかに、実際に、そして真に現存する。なぜなら私はやはりそれを見、聞き、などするから」と主張するならば、私はこの人に次のことをよく承知していただきたい。すなわち、われわれはこの人の物おじしない断言によっても、頑迷な確信によっても惑わされることはなく、われわれの断固たる、率直かつ字義通りに理解されるべき「否、この事物は、それを見、聞くことができるというまさにその理由によって、存在するものではない」という返答は永遠に変わることがない、ということを。さらに、このような人に関しては意志疎通も啓発も不可能であるため、これ以上相手にすることはできない、ということをよく承知していただきたい。

世界についての可能な見解の根源的な分裂から生じる第二の見解は、世界を理性的存在者らの体系における秩序および平等な権利の法則として把握するものである。これは言葉通りに理解していただきたい。この見解にとっては一つの法則、すなわち多数の人の自由のために秩序と平等を保つ法則が、本来の実在者であり自主的存続者である。世界はこれとともに始まり、この中にその根底をもつ。この際もし誰かが、どのように法則が——その人の口を借りれば、単なる関係であり、単なる抽象概念にすぎない法則が——自立的なものと考えられうるのか不審に思うならば、それはこの人が見たり感じたりできるもの以外に何も実在的なものとして把握できないために起こるのである。それによりこの人は、われわれが相手とすることのできない人の一人となるのである。この見解にとっては一つの法則が第一のものである、と私は言う。それのみが真に存在し、他の一切の現存するものはそれにより初めて現存する。この見解にとって自由および人類は第二のものにすぎない。なぜならそれらは、法則が自由に対して必然的に自由と自由な存在者を措定するゆえに、存在しているにすぎないからである。そして人間の自立性の唯一の根拠と証明はこの体系において、人間の内部に開示される道徳的法則である。最後に、この見解にとって感覚的世界は第三のものである。これはただ人間の自由な行為の活動領域であり、自由な行為は必然的にその行為の対象を措定する、という理由によって存在するにすぎない。この見解から生じる学問としては、人間の法的な関係を提示する法学だけでなく、通常の道徳論がある。これはただ、何人も他人に不正を行わず、また国家の実定法により禁じられているいないにかかわらず義務に反したことをしない、ということを目的とするにすぎない。世界に関するこうした見解の例は、生に関する通常の見解からは立証できない。なぜなら通常の見解は質料に根付いており、こうした見解までにさえも自らを高めることができないからである。しかし哲学的な文献においては、カントが——もし彼の哲学的発展を『実践理性批判』までにとどめておくならば——この見解の最も適切で最も一貫した例である。われわれは先程この考え方の本来的な特徴を「人間の実在性と自立性は、人間の中で支配する道徳法則によってのみ証明され、これによってのみ人間はそれ自体あるものとなる」と表現したが、カントも同じ言葉を用いている。

われわれ自身もこの世界観を最高のものとしてではないが、法学や道徳論を基礎付ける立場としてこの二つの分野を論じる際に提示しかつ展開し、われわれが覚えているように、少なからず精力的に述べたのであった。したがって現代においては、上述のことにより深く関心をもたれる人々にとっては、今述べたこの第二の世界観の例には事欠かないと思われる。しかしながら、ただ法則のためにのみ行為するという純粋に道徳的で内的な心意は——これは低い道徳性の領域においても現れ、カントによってもわれわれによっても肝に銘じられたことである——ここで問題となっているような、ただ客体だけを扱う領域には属さないのである。

この観点を述べるに際して、以下のすべての観点にも妥当する一つの共通な注意を促そうと思う。ここにおいてそれが最も明瞭になると思われるからである。つまり、世界観の確固とした立場をもつ人は、実在的なものや自立的なもの、また世界の根底を一つの断固たる不変的な基点に措定し、そこから他のものを——この第一のものの実在性を単に分有し、間接的に措定されたものとして——この第一のものから演繹しなければならない。これは右の第二の世界観の下に、第一のものとしての秩序付ける法則から、第二のものとしての人類と第三のものとしての感覚世界とを演繹したのと同様である。しかしこの際に諸々の実在性を混合混和し、感覚世界にその実在性を与えるようなことをしてはならないし、しかもこれと並んで道徳的世界にもその実在性を拒否しないというようなことがあってはならない。まったく混乱した人はしばしばそのように問題を片付けようと試みる。こうした人は精神的目の確固たる眼差しをもたず、否、精神的目の真っ直ぐな方向さえなく、常に多様なるものに横目を使うのである。こうした人よりは、断固として感覚世界に執着し、それ以外のものは一切否定する人のほうがはるかにましである。なぜなら後者も近視眼的であることには代わりはないが、しかしこれに加えて臆病で無気力ということはないからである。要するにより高い世界観は、低い世界観が自分と並んで存在するようなことを許さないのである。すべてのより高い世界観は絶対的で最高の立場として、低い世界観を撲滅し、それを自分の下に従属させるのである。

世界に関する第三の見解は、真なるより高次の道徳性の立場からのものである。今の時代にはほとんど知られていないこの立場に関しては、精確な説明をする必要がある。この立場に対しても今述べた第二の立場と同様、精神世界の法則が最高のもの、第一のもの、絶対的実在者であって、この点において両者は一致する。しかし第三の立場の法則は、第二の立場の法則のように単に現存するものを秩序付ける法則ではなく、むしろ現存するものの中において新たなるものや端的に現存しないものを創造する法則である。前者はただ消極的であり、諸々の自由な力のあいだの衝突を止揚し、均衡と平静を回復する。後者はこうして平静にもたらされた力に再び新しい生命を賦与しようと欲する。後者は、前者のような単なる理念の形式だけではなく、質的かつ実在的な理念そのものを得ようと努力すると言えよう。その目的は簡単に言えば以下のことである。すなわちこうした法則から霊感を受けた人の中の人間性を、またこうした人を通じて他の人々の中の人間性を、それが本来あるべきところのものに――すなわち内的な神的本質の的確な似像や反映、開示に――実際になさんと欲することである。したがって、この第三の世界観における実在性の演繹の序列は以下の通りである。この世界観にとって真に実在的で自立的なものは、聖なるもの、善なるもの、美しきものである。第二のものは、これらのものを自らにおいて表現すべき使命を負う人類である。第三のものは、人類の中において秩序付ける法則であるが、これは真の使命のために人類に内的かつ外的な平静をもたらす手段にすぎない。最後に第四のものは感覚世界であるが、これは単に外的および内的な、低次および高次の、自由および道徳性のための領域にすぎない。端的に自由のための領域、と私は言う。それより高いすべての立場においては、感覚世界はそのようなものにすぎず、それ自体においてけっして他の実在性を得ることはないのである。

こうした見解の例は、もちろんこれを発見しうる目をもった人に対してだけであるが、人類の歴史において見出される。より高い道徳性によってのみ、またこうした道徳性によって霊感を受けた人々によって、宗教、特にキリスト教が、また知恵と学問が、立法と文化が、芸術が、すなわちわれわれの有するすべての善なるものと尊敬に値するものが、この世にもたらされたのである。文学においては、こうした世界観の足跡は、詩人の中に散見されるのを除けばごくわずかに見出されるにすぎない。古代の哲学者の中ではプラトンがこうした見解の予感をもっていたようである。近世の哲学者の中ではヤコービがときどきこの領域に触れているようである。

世界に関する第四の見解は宗教の立場からのものである。これは、もし先程述べた第三の見解から生じ、またそれと結合されている場合には、次のような明瞭な認識として叙述されねばならないだろう。すなわちかの聖なるもの、善なるもの、美しきものはけっしてわれわれの産物ではない。つまりそれ自体においては虚無的な精神、光、思惟の産物ではなく、直接的にわれわれの中における光としての神の内的本質の現象であり、神の内的本質が像に顕現しうるそのままに、まったく端的に神の表現または像なのである。こうした宗教的見解こそ、われわれが今までの講義においてもたらそうと努力してきた洞察なのであり、いまやこれをその根本命題との関連において、以下のようにより鋭く精確に表現することができる。

（一）　神のみが存在し、そのほかには何も存在しない。私の見るところでは、これは容易に洞察しうる命題であるが、またすべての宗教的見解の絶対的条件である。

（二）　われわれがこのように「神が存在する」と言う場合、われわれはまったく空虚な、神の内的本質に関しては端的にいかなる解明も与えない概念をもつにすぎない。われわれはこの概念から、「では神とはいったい何であるか」という問いに対していったいどのように答えようとするのか。「神は自らによって、自らを通して、自らの内に絶対的に存在する」という唯一可能な付加命題そのものが、ただ神について述べられたわれわれの悟性の根本形式にすぎない。つまり神についてのわれわれの思惟の仕方を言い表すにすぎないのである。さらに加えて消極的に、われわれがどのように神を考えてはならないかということを、すなわちわれわれは思惟の対象を扱う際に悟性の本質上強いられているのと同様の仕方で神をほかから演繹してはならないということを、言い表すにすぎない。ゆえに神についてのこの概念は内容のない幻影的概念である。われわれが「神が存在する」と言う場合、神はわれわれにとって内的に無であり、このように言うこと自体によって無となるのである。

（三）　それにもかかわらず、われわれが右で苦心して論述したように、神はこうした空虚な幻影的概念以外に、その実際の真なる直接的生においてわれわれの中に現れる。もしくはより厳密に表現するならば、われわれ自身がこの神の直接的生である。なるほどしかし、この直接的な神的生についてわれわれは知らない。また同じく右で述べたところによれば、われわれに固有でわれわれに属する現存も、われわれが意識において把握できるものにすぎないがゆえに、神の中におけるわれわれの存在も、その根底においては常にわれわれの存在であるにしても、われわれにおいて永遠に知られざるものであり、したがって実際においてはわれわれ自身にとってもわれわれの存在ではない。われわれはその洞察によって少しも良くはならず、神からは以前と同様に遠ざけられている。われわれは直接的な神的生に関しては何も知らない、と私は言った。なぜなら意識に触れるやいなや、この生は死せる世界に変わるのであり、さらにこの世界は可能な見解の五つの立場に分裂するのであるから。これらすべての形態の背後に生きているのが神自身であるにせよ、われわれは神を見ず、ただ常にその覆いを見るにすぎない。われわれは神を石や植物、動物として見、より高い立場に立つときは自然法則あるいは道徳法則として見るが、しかしこれらはすべて神ではない。いつもわれわれにとっては形式が本質を覆い、われわれの見ることそのものが対象を隠し、われわれの目そのものがわれわれの目の障害となる。

そう嘆く君に私は言おう。宗教の立場に自己を高めよ。そうすればすべての覆いは消えるであろう。世界はその死せる原理とともに消え去り、神性そのものがその原始の根源的な形式において、生として、君が生きねばならずまた生きるであろう君の生として、再び君の中に現れるであろう。ただ反省の根絶されえない唯一の形式、すなわち君の中におけるこの神的生の無限性は——この神的生は神の中においてはもちろんただ一である——残るであろう。しかしこの形式は君を苦しめない。君はそれを熱望し愛するがゆえに。この形式は君を迷わさない。君はそれを説明することができるゆえに。聖なる人間が行い、生き、愛するところにおいては、神はもはや幻影または覆いに覆われてではなく、固有の直接的で力強い生において現れる。神の空虚で幻影的な概念からは答えられなかった「神とは何であるか」という問いに対して、ここでは次のように答えられる。「神とは、神に心服した人や神の霊感を受けた人がなすところのものである」と。君は神を、神がそれ自身においてあるがままに、面と向かい合って見ることを欲するか。神を雲の彼方に求めるのをやめよ。君は神を、君のいるところどこにでも見出すことができるのである。神に心服した人々の生涯を見よ。しからば君は神を見るであろう。君自身神に心服せよ。しからば君は神を君の胸の中に見出すであろう。

尊敬する諸君、これが宗教の立場からの、世界および存在に関する見解である。

世界についての第五の、かつ最後の見解は学の立場からのものである。すなわち、唯一で絶対の、それ自身の内において完成した学の、と私は言う。学は一者から多様なるものへの、また絶対者から相対的なものへの変化のすべての点を完全に、それらの秩序と相互の関係においで把握する。そしていたるところにおいて、またすべての個々の立場から、法則に従って多様なるものをそれぞれ一者に還元し、あるいは一者から多様なるものをそれぞれ演繹することができる。われわれはこうした学の根本的特質を、今回および前二回の講義において諸君の目の前で展開してきた。学は、すべての多様なるものは端的に一者に基礎付けられており、また一者に還元されうるという事実（daß）の洞察——すでに宗教がこうした洞察を与えている——を超えて、この関連の仕方（Wie）の洞察へと進む。宗教にとっては単に絶対的事実であるものが、学においては発生論的に説明されるのである。学なき宗教は結局のところ単なる、それにもかかわらず揺るぎなき信仰である。学はすべての信仰を止揚し、観照に変える。われわれはここにおいては、この学的立場をわれわれ本来の目的に属することとしてではなく、ただ枚挙の完全性のため述べるのであるから、これに関しては次のことを付け加えるだけで十分だと思われる。つまりこの学的立場は、けっして敬虔で浄福な生のための条件ではない。しかし、この学をわれわれおよび他人の中で実現しようという要求は、より高い道徳性の領域に属するのである。完成した真なる人間は、まったく自己自身の中において明瞭でなければならない。なぜなら全面的に徹底した明瞭性は、神の像および反映に属しているからである。しかし他方、もちろん次のような人でなければ、すなわちこうした要求が努力することなく生じ、それにより自分に初めて明瞭に理解されるようになった人でなければ、こうした要求を自己自身に課すことはできない。

ここに挙げた五つの立場に関しては、さらに以下のことを述べ、それにより宗教的人間の像を完成しなければならない。

最後に挙げた二つの、すなわち学および宗教の立場は、単に観察的または観照的であり、それ自体においてはけっして活動的または実践的ではない。それは単に心の内部にとどまる、固定し静止した見解であり、けっして行為へと駆り立て、行為の中で発する見解ではない。これに反して、第三のより高い道徳性の立場は実践的であり、行為へと駆り立てる立場である。今私は加えて「真なる宗教はその霊感を受けた人の目を宗教の領域に高めるが、にもかかわらずその人の生を行為および純粋に道徳的な行為の領域に結びつけておく」と言う。実際の真なる宗教心は、単に観察的で観照的なのではなく、また単に信心深い思想に耽るのでもなく、かならず活動的である。宗教心はわれわれが見てきたように、神が実際にわれわれの中に生き、働き、その業を実現しつつある、という親密な意識に存する。総じてわれわれの中に実際の生が存在せず、われわれから活動性や外部に現れる業が出てこないならば、神もまたわれわれの中において活動していないのである。こうした場合、神との合一の意識は虚偽であり、虚無である。われわれには属さないある状態の空虚な幻影である。それは、こうした状態が可能であり、また他人においておそらく現実的であろうという——ただしわれわれは少しもこうした状態にあずかっていないが——一般的な、しかし死せる洞察である。われわれは実在性の領域から隔てられ、再び空虚な幻影的概念の領域に追放されたのである。実在性がともなわないゆえに、この意識は空想と夢想にすぎない。こうした空想は、われわれが以前指摘し、真の宗教と対立させた神秘主義の欠陥の一つである。生きた活動性という点において、真の宗教心はそのような空想から区別されるのである。宗教は単なる信心深い夢想ではない、と私は言った。そもそも宗教は、他の活動からは分離して、ある決まった日の決まった時間に行うことができるような、独立した活動ではないのである。それは中断なく存続するわれわれのすべての思惟と行為を貫徹し、それらを生かし、自らの中に沈める内的精神である。宗教にとっては、神的生と神的支配が実際にわれわれの中で生きているということが不可欠である、と私は言った。しかしその際――第三の立場において述べられたことから、あるいはそう思えるかもしれないが――人間が行為する領域は問題にならないのである。認識をより高い道徳性の諸対象にまで高めた人が宗教の霊感を受けた場合、もちろんこの人はこの領域において生き、行為するだろう。なぜなら、それがこの人の本来の天職であるがゆえに。低い天職をもつ人においても、その天職は宗教により神聖化されるのであり、たとえより高い道徳性の実質的内容は得られなくとも、宗教によりその形式は得られるのである。より高い道徳性の形式に必要なのは、ただ人が己れの仕事を、われわれに対するかつわれわれの内における神の意志として、認識し、愛することだけなのである。もし誰かがこうした信仰において畑を耕し、あるいははなはだ地味な仕事を忠実に行うならば、この人は、こうした信仰をもたずに人類を幾千年にわたって幸福にした人――仮にそのようなことが可能であると仮定して――よりも、より優れており、より浄福なのである。

したがって、真に宗教的な人の像および内的精神は次のようなものである。彼は己れの愛と努力の対象である世界を、なんらかの享受としては捉えない。しかしこれは、憂鬱あるいは迷信的恐怖が、享受や喜びを何か罪深いものと思わせるからではない。いかなる享受も実際の喜びを己れに与えることができないことを、彼は知っているからである。彼は己れの世界を行いとして把握する。そしてこの行いのみを——それが彼の世界であるため——生き、また生きることを願い、この行いにおいてのみ己れ自身のすべての享受を見出す。ただし彼は、感覚世界において実現される結果を目当てに、この行いを欲するのではない。実際、結果の如何は彼の心をまったく煩わせることなく、純粋に行いとして、ただ行いの内に彼は生きるのである。行いが、彼の中における神の意志であり、存在に対する彼に固有な本来の分有であるがゆえに、彼は行いを欲する。そのように彼の人生はまったく単純かつ純粋に過ぎてゆく。他の何ものをも知らず、欲せず、求めず、この中心点より出てさまようことなく、己れの外にあるものに心を動かされることなく、心を曇らされることもない。

彼の生はそのようなものである。これこそ必然的に最も純粋で完全な浄福であるのではないかということについては、機会を改めて論じたい。

第六講

尊敬する諸君。

われわれの教説全体は、われわれがこの講義においてなお言いうることの、また総じて今後言いうるであろうことの基礎となるものであるが、いまや明瞭かつ精確に提示され、一目で概観することができる。すなわち、直接的な神的生の外にはいかなる存在も、またいかなる生もない。この存在は、意識において、意識の本質に根拠付けられた、固有で根絶されえない意識の法則によって、多様な仕方で覆われ、また曇らされている。しかしそれは、神に心服した人の生と行為においては、この覆いから解放され、ただ無限の形式によって変容させられてはいるが、再び顕現する。こうした行為においては、人間が行為するのではない。神自らがその根源的で内的な存在と本質において、人間の中で行為し、人間を通してその業をなすのである。

私は最初の序論的な講義の一つにおいて次のように述べた。すなわちこの教説は、現代にとっては新しく、耳になじみのないもののように思われるかもしれないが、実際は世界と同じくらい古いものなのである。殊にそれはキリスト教の教えにほかならず、その最も純粋で真正な文書である『ヨハネによる福音書』において、現在に至るまでわれわれの目前にあるのである。また、この教えは同福音書において、われわれが用いるのと同じ形象と表現をもって伝えられている、と。こうした主張を裏付けることはいくつかの点で有益であろう。われわれは今回の講義をこの作業に捧げようと思う。言うまでもないことであるが、われわれの教説がキリスト教と一致することを示すことによって、われわれはこの教説が真理であることを初めて証明し、あるいはこの教説に外から支柱を置こうと考えているのではない。われわれの教説は、これまで述べたところによってすでにそれ自体として証明され、絶対的に明証的なものとして明らかになったはずであり、これ以上支柱を必要としないのである。同様にキリスト教も、もしなんらかの妥当性を要求するならば、自らが理性と一致することを、また理性の――理性の外に真理はない――純粋で完全な表現であることを自ら証明しなければならない。諸君は、盲目的権威の軛《くびき》へ連れ戻されることを哲学者から期待してはならない。

私が特に福音記者ヨハネのみを真正なキリスト教の教師として認めるということについては、昨冬の講義〔『現代の諸特徴』〕においてより詳細に次の理由を指摘した。すなわち、彼と対立的なキリスト教体系の創始者としての使徒パウロとその一派は、半分ユダヤ人にとどまり、ユダヤ教と異教の根本的誤謬をそのまま手を触れずに残しておいたからである。われわれはこの誤謬についてより深く掘り下げねばならないが、今は次のことを述べるだけで十分であろう。つまりヨハネとのみ、哲学者は一致することができる。なぜなら彼だけが理性に対する尊敬を有し、哲学者が承認しうる唯一の証明、すなわち内的証明に依拠しているからである。「私をお遣わしになった方の御心を行おうとする者は、この教えが神から出たものであることがわかるはずである」〔『ヨハネによる福音書』七・一七。以下章数と節数のみを示す〕。ここでいう神の御旨とはヨハネによれば、人が神および神の遣わしたイエス・キリストを正しく認識することである。キリスト教の他の宣教者らは奇跡による外的証明を根拠とするが、そうした証明は少なくともわれわれにとっては何の証明にもならないのである。さらに、福音記者の中ではヨハネだけが、われわれの探し求めるもの、すなわち宗教論をもっている。これに対して他の福音記者が与えるものは、ヨハネによりこれを補い解釈することなしには、たかだか教訓にすぎない。教訓はわれわれにとってはきわめて従属的な価値をもつにすぎないものである。ヨハネは他の福音書を前にして、それらによって看過されたものをただ補足しようとしたのだという主張の是非に関しては、ここでは論じようとは思わない。仮にそうだとすれば、われわれはその補足が最良のものであり、彼以前の人たちはまさしく最も重要なものを無視していたとみなすことになろう。

私がヨハネおよびその他すべてのキリスト教の著作者を解釈する際の原理は、以下の通りである。すなわち私は、彼らが実際何かを言おうと欲し、また彼らの言葉が許す範囲内において正しいことおよび真なることを言っているものとして、彼らを理解する。この原理は正当なものと思われる。ある一派の解釈学的原理なるものは、われわれのまったく嫌悪するものである。彼らはこの原理によって、これら著作者たちの最も真剣で包み隠さざる言葉をも単なる比喩や象徴であるとし、それらを散々にいじくり回した挙句に浅薄なものとし、遂にはこれら解釈者が自ら案出し持ち出しえたような平凡陳腐なものとなしてしまうのである。私はこれらの著作者、特にヨハネにおいては、彼らの言葉そのものに備わる説明の手段のほかには、いかなる説明の手段もないと考える。宗教以外の古典的著作者の場合のように、若干の同時代の人々が相互に比較され、また彼らに先行しあるいは彼らに続く学者たちとも比較されうる場合には、こうした外的な補助手段もありうるであろう。しかしながらキリスト教、特にヨハネは、先例も本来的な意味での継承者もなく、孤立して現れている、驚嘆すべき不可思議な時代現象なのである。

われわれはここでヨハネの教説の内容を述べるが、まずこの教説の内容において、それ自体において絶対的にいかなる時代に対しても妥当し、真理であるものと、ただヨハネと彼から提示されたキリストの立場に対し、また彼らの時代と見解に対してのみ真理であるものとを区別しなければならない。後者をもわれわれは忠実に述べるであろう。なぜならこれ以外の説明の仕方は不誠実であるうえに、人を混乱させるものだからである。

『ヨハネによる福音書』においては第一章前半の教義的導入、言わば序言がまず第一にわれわれの注意を引くに違いない。諸君はこの序言を著作者独自の勝手な哲学説、言わば歴史物語の屁理屈を並べた修飾と考えてはならない。もっぱら事実を手掛かりとしつつ、誰がどう解釈してもよい修飾と著作者自身も意図していたなどと考えてはならない。この序言はある人々にはそのように見えるようであるが、むしろこの序言は福音書全体との関係において考え、それとの関係においてのみ理解されるべきものである。著作者は福音書全体を通じて、イエスをある仕方で――この仕方については後述することになるだろう――自己について語るものとして描写している。イエスは他のようにではなくまさしくそのように語り、またイエスがそのように語るのを自分は聞いた、ということは疑いもなくヨハネの確信であった。そしてわれわれがこのことを信じるべきである、ということはヨハネの真剣な意志であった。さて序言は、いかにしてイエスが自己について語るように、まさしくそのように自己を考え語ることができたのか、その可能性を説明する。したがって、単にヨハネ個人がその乏しい臆見によりイエスをそのようにみなし、説明しようとしたのではなく、イエス自身ヨハネが描写したように自己を考えまたみなしていた、ということは必然的にヨハネの前提とするところであった。序言はイエスの全説教の要旨および全説教の一般的立脚点とみなされねばならない。よって著作者の意図によれば、それはイエスの直接の説教と同等の権威をもっているのである。ヨハネの考えによれば、序言もヨハネの教えなのではなく、イエスの教えである。しかもイエスの教え全体の精神であり、最も内密な根底なのである。

われわれは、この少なからず重要な点を明らかにしたのでこれから本題に入るが、その前に注意しておきたいことがある。

われわれがこれまで説いてきた教説を知らないがゆえに、万物創造の憶説が生じる。これはあらゆる誤った形而上学や宗教論の絶対的な根本誤謬であり、特にユダヤ教と異教の根本原理である。神的本質のそれ自身における絶対的統一と不変性を承認する必要に迫られはするが、かといって有限的事物の自立的で真なる現存を放棄することも望まないところから、彼らは後者を絶対的恣意の行為によって前者から発生させたのである。これによりまず第一に神性の概念が根本において損なわれ、恣意という属性を与えられた。この恣意は彼らの宗教体系全体に行きわたっているものである。次には理性が永久に倒錯させられ、思惟は夢見る想像力に変えられてしまった。なぜなら、万物創造というようなことは理路整然とは——つまり本来に思惟と呼ばれる意味では——考えられえないからであり、また今まで誰一人としてそのように考えた人はいない。特に宗教論の場合、万物創造を措定することは、その宗教論が間違っていることを示す第一の目印である。これに対し、それより以前の宗教論が万物創造を措定している場合に、これを否定することは、その宗教論が真理であることの第一の目印である。キリスト教、特にその奥義を究めた——われわれがここで問題にしている——ヨハネは、後の場合に該当する。彼以前にあったユダヤ教はこうした万物創造を措定したのであった。「初めに神は創造された」〔『創世記』一・一〕という句をもってこの宗教の聖典は始まる。これに真っ向から反対して「否」とヨハネは言う。そしてこの反対を明白にするために、同じ言葉でもって始め、二番目の誤った言葉の代わりに正しい言葉を置いて言う。「初めに」、これは右で言われている「初めに」と同じである。すなわち根源的にすべての時間以前に、神は創造を行ったのではない。創造の必要はなかった。それはすでに存在していたのである。つまり「言《ことば》があった。そして言によって、初めて万物は造られた」〔一・一、三参照〕。

初めに言（Wort）——原典においてはロゴス（Logos）——があった。これは理性、または——『知恵の書』においてほとんど同じ概念が言い表されているように——知恵と訳すこともできたが、われわれは「言」という表現が最も適切な訳と考える。疑いもなくヨハネの弟子たちの伝統の影響によるものであるが、最古のラテン語訳も「言」となっている。さてこのロゴスもしくは「言」とは、著作者の考えではいったい何なのであるか。この表現について理屈をこねるのは止めて、虚心坦懐にヨハネがこの「言」について述べていることを見てみよう。主語に付加された述語は、殊にある主語に専属的に付加される場合は、主語そのものを規定するのが常である。ヨハネは言う。「言」は初めにあった。「言」は神と共にあった。「言」は神自身であった。「言」は初めに神と共にあった、と〔一・一—二参照〕。これ以上明瞭に、われわれの以前述べたことが表現されうるであろうか。神はその内的で自らの内に隠れた存在——これをわれわれは思惟することができる——であるほかに、なおそのうえ現存する——これをわれわれは単に事実的に把握することができるだけである——とすれば、その際神はその内的・絶対的な本質によって必然的に現存するのである。そして神の現存は、ただわれわれによって神の存在から区別されるのであって、それ自体において、また神においては区別されない。神の現存は根源的に、すべての時間以前に、またすべての時間なしに、存在と共にあり、存在と不可分であり、自身存在である。すなわち「言」は初めにあった――「言」は神と共にあった――「言」は初めに神と共にあった――神は自ら「言」であり、「言」は自ら神であった、のである。これ以上鋭利にかつ明瞭に、この主張の根拠は述べられることができたであろうか。すなわち、神において、また神からは、何ものも成らず、何ものも生じない。神においては永遠にただ「ある(Ist)」があるのみであり、現存すべきものはすべて根源的に神と共にあり、神自身でなければならない、という言葉以上に。人を混乱させる幻想を捨てよ。もし多くの言葉を費やすのを厭わなかったならば、これを福音記者ヨハネは付け加えたであろう。神の内に存在しないものや永遠にまた必然的に存在しなかったものが神から生成するという幻想、あるいは神は自らの業に関わらずそれを離れ去るという流出の幻想、あるいはまた、われわれを荒涼とした無に投げ込み、神を恣意的で敵意ある君主とみなす、神からの分離と追放という幻想、こうした幻想を捨てよ、と。

この神と共にある存在――すなわちわれわれの表現によると、この現存――は、さらにロゴスもしくは「言」として特徴付けられている。この現存はそれ自身にも明瞭で理解されうる開示と表明であり、神の精神的表現であるということを、あるいはわれわれが言い表したように、神の直接的現存は必然的に、現存自身ならびに神の、意識であるということを――このことについてはすでに厳密な証明を行った――いかにしてこれ以上明瞭に言い表しうるであろうか。

　このことが明らかであれば、第三節の「万物はこの言によって成った。成ったもので、言によらずに成ったものは何一つなかった」という主張にも少しの曖昧さも存しない。そしてこの命題は、われわれの提出した命題、すなわち世界および一切の事物はただ概念においてのみ、つまりヨハネの言う「言」においてのみ、了解され意識されたものとして――神の自己自身に関する自己言表として――現存するのであり、また単に概念あるいは「言」のみが世界一般の創造者であり、概念の本質に存する分裂により世界における多様で無限な事物を創造するものである、という命題とまったく同じことを意味するのである。

　これを要するに、私はこの三節を私の言葉において以下のように表現するであろう。神の現存は神の内的存在と同様に根源的であり、前者は後者と不可分であり、それ自身後者とまったく等しい。この神的現存は、それ自身の質料においては必然的に知識である。この知識においてのみ、世界および世界の中に存在する一切の事物は現実的となったのである、と。

いまや続く二節も同様に明瞭になるであろう。この「言」すなわち直接的な神的現存の内に生命が、つまり一切の実体的で生きた、ただし永遠に見られることのない、現存の最深の根底があった。この生命は現実の人間において光、すなわち意識された反省となった。この唯一永遠の原光は、たえず精神的生の低く不明瞭な段階の暗闇に照った。自身見られることなしに、それを担い現存に保った。しかし暗闇はこれを悟らなかった。

『ヨハネによる福音書』冒頭の今まで説明した部分が、その絶対的に真であり永遠に妥当する部分である。これ以降ただイエスの時代とキリスト教創設の時代、およびイエスと使徒たちの必然的立場にのみ妥当する部分が始まる。これは形而上学的な命題ではなく歴史的な命題であり、それは次の通りである。すなわち神の絶対的で直接的なかの現存、永遠の知識もしくは「言」が、純粋かつ完全にそれ自身においてあるがままに、一切の不明瞭さや暗さを交えることなく、また一切の個人的制限をも受けることなく、某年某時にユダヤの地において説教しながら現れたナザレのイエスにおいて——彼の最も注目すべき言葉がここに書き記されたのである——つまりある人格的で感覚的な人間的現存において現れ、彼において——福音記者の卓抜な表現を借りるならば——肉となった、ということである。この二つの立場、すなわち絶対かつ永遠に真である立場と、単にイエスと使徒たちの当時の観点にとってのみ真である立場との一致および差異は、以下の通りである。第一の立場からすると、自己が神と一致することをいきいきと洞察し、自分の個人的な生一切を内なる神的生に実際に献じる人においては、永遠の「言」はいつでも例外なく、イエス・キリストの場合とまったく同じ仕方で、余すところなく肉に、すなわち人格的で感覚的な人間的現存となる。今述べた真理は、実際の生成の手段には一切関係することなく、端的に存在の可能性を問題とするのであるが、ヨハネも、またヨハネによって語られるイエスもこれを否定しない。それどころかわれわれが以下において見るように、いたるところではなはだ強調しているのである。もっぱらキリスト教にのみ特有で、キリスト教信者に対してのみ妥当する立場は、生成の手段に注目し、これについて次のように説く。すなわちナザレのイエスは、端的に自らによってまた自らを通して、その単なる現存と素質、本能によって、なんら思慮深い技巧や導きもなしに、永遠なる「言」の完全な感覚的描写である。彼以前には端的にそのような人は存在しなかった。しかしながら弟子になるすべての人は、イエスを必要とするというまさにその理由によって、未だ「言」の完全な感覚的描写ではないのであり、イエスを通じて初めてそれになることができるのである、と。明確に今述べられたことは、時代現象としての、すなわち人間の宗教的形成のための歴史的形成物としての、キリスト教の特徴的な教義であり、まったく疑いもなくイエスも使徒たちもこの教義を信じていた。この教義は『ヨハネによる福音書』において純粋にまた高次の意味において述べられているが、ヨハネにとってももちろんナザレのイエスはキリストすなわち人類の約束された救い主であり、ただしこのキリストは肉となった「言」でもあったのである。パウロやその他の使徒たちにとってこの教義は、イエスがダビデの子孫であり、旧約の破棄者であり新約の締結者である、というユダヤ的夢想と混合していた。いたるところで、殊にヨハネにとって、イエスは御父の初子であり唯一直接の子であり、けっして流出あるいはそれに類するものとしてではなく——流出は後世になって初めて生じた不合理な夢想である——先に説明した意味において、すなわち本質の永遠なる一致および同一においてそうなのである。そしてすべての人はイエスにおいて、イエスの本質に変化することによって、初めて間接的に神の子となることができるのである。われわれはまずこのことを承認しなければならない。そうでなければわれわれは、一方では不誠実に解釈することになり、他方ではキリスト教をまったく理解することなく、ただそれによって混乱させられるであろう。次には、たとえわれわれが個人としてはこうした見解を用いることを欲しないとしても——これは各人の自由に任せられなければならない——少なくともそれを正しく受け取り、正しく判断しなければならない。この点に関連して、私は諸君に次のことを注意したい。

（一）　言うまでもなく、人間的現存と神的現存との絶対的同一という洞察は、人間が到達しうる最高の認識である。この認識はイエス以前にはどこにも存在しなかった。それどころかイエスの時代以降、おそらくは今日に至るまで、少なくとも宗教以外の領域の認識においては、ほとんど根絶され、失われてしまったも同然である。しかしイエスは明らかにこれを有していた。われわれ自身この認識を有するやいなや――たとえ『ヨハネによる福音書』においてのみであれ――疑いもなく見出すであろうように。さて、いかにしてイエスはこの認識に到達したのか。真理が発見された後で再びそれを見出すということは、さほど大きな不思議ではない。しかしながら彼以前および以後の数千年において、この認識を独占することによって卓越した最初の人が、いかにしてこの認識に到達したかは大いなる不思議である。したがって、ナザレのイエスは――彼以外の何人も達しえない優れた仕方で――神の独り子、神の初子であり、イエスを理解することさえできるすべての時代は、イエスをそのようなものとして認識せざるをえないであろう、と主張するキリスト教教義の最初の部分は実際真理なのである。

（二）　たとえ現在、各人が使徒の著作の中にこの教説を再び見出し、自分自身で、また自分の確信によりそれが真であることを承認することができたとしても、またさらにわれわれが主張するように、哲学者が——彼の知る限りにおいて——キリスト教とはまったく独立に同一の真理を発見し、論理的帰結と全面的な明瞭性において——この点に関し、少なくともわれわれには、キリスト教から真理は伝えられなかった——それを概観するということが事実であるとしても、以下のことが永遠の真理であることに変わりはない。すなわちわれわれは、われわれの時代全体とわれわれの一切の哲学的研究とともに、キリスト教の地盤の上に置かれ、そこから発したものであるということ、また、このキリスト教は実に多様な仕方でわれわれの教養全体に入り込んでいるのであり、もしこの強力な原理が時間的に先立って存在していなかったとしたら、われわれすべては今あるようなものとはけっしてならなかったであろう、ということである。われわれは、われわれ以前の出来事によりわれわれに相続させられた存在のいかなる部分をも廃棄することはできない。また、現に存在するものがもし存在しなかったならば今どうなっているだろう、といった詮索は思慮ある人の取り合わぬものである。よってイエス以後神との合一の境地に至った人はすべて、ただイエスによって、イエスを通じてそこに至ったのである、というキリスト教教義の第二の部分もまた同様に真なのであり、抗弁を許さないのである。こうして結局、この世の終わりに至るまでナザレのイエスの前にすべての思慮ある人は深く跪き、人はより自分になるにつれて、この偉大な現象のあふれるような荘厳さをますます謙虚に承認するであろう、ということが立証されるのである。

以上は、当時の時代に妥当するキリスト教のこの見解を、それが自然に見出される人において、不当不正な判断に対して擁護するために述べたのであり、その歴史的側面にまったく注意せず、あるいは注意してもわれわれがそこに見出すと信じるものを見出すことができないような人に、この見解を押しつけるためではけっしてない。つまりわれわれは以上述べたことによって、その名称によってのみ事柄が価値を有するかのように見えるキリスト教の党派に、加入しようというのではない。浄福をもたらすのはただ形而上学的なもののみであり、けっして歴史的なものではない。後者は人を賢くするにすぎない。誰かが実際に神と合一し、神の中に沈潜しているならば、いかなる道によってそこに到達したかはまったくどうでもよいことである。事柄の中に生きる代わりに、そこに至る道だけを繰り返し回想することは、無益で倒錯した作業である。仮にイエスがこの世に帰ってくることができるとした場合、人が彼の功績を賛嘆していようが無視していようが、もしただ人の心の中で実際にキリスト教が支配しているのを見出したならば彼は満足するであろう、ということは期待しうることである。そして実にこれこそ、すでに生きているときに自分の栄誉を求めず、ただ自分を遣わした方の栄光をのみ求めたイエスから期待しうる、最も小さなことにすぎないのである。

われわれは以上述べた二つの立場の区別において、『ヨハネによる福音書』におけるイエスのすべての言葉に対する鍵をもち、また時間形式において述べられたものを純粋で絶対的な真理へ還元する確実な手段をもつため、これからこれらの言葉の内容を総括し、二つの問題に答えようと思う。第一に、イエスは自分と神性との関係という点に関して、自分自身について何と言っているか。次に、イエスは自分に対する弟子および信奉者の関係、さらに自分を通じての弟子および信奉者の神性との関係という点に関して、彼らについて何と言っているか、という問いである。

第一章一八節「いまだかつて、神を見たものはいない。父のふところにいる独り子、この方が神を示されたのである」。われわれがすでに述べたように、神的本質は自らの内に隠れている。ただ知識の形式においてのみそれは顕現する。しかもまったく自らの内にあるがままに顕現するのである。

第五章一九節「子は、父のなさることを見なければ、自分からはなにごともできない。父がなさることはなんでも、子もその通りにする」。われわれの以前の表現を借りれば、彼の自立性は神の生の内に溶け込んでいる。

第一〇章二八節「私は私の羊に永遠の命を与える。誰も彼らを私の手から奪うことはできない」。第二九節「彼らを私に与えてくださった父は、すべてのものより偉大であり、誰も父の手から奪うことはできない」。彼らを保持し支えているのはいったいイエスか、それとも父か。第三〇節が答えを与える。「私と父とは一つである」。二つの同じ命題において同一のことが言われている。彼の生命は私の生命、私の生命は彼の生命、私の業は彼の業、彼の業は私の業。これは、われわれが前回の講義で用いた表現と同じである。

以上が最も明確でかつ最も異論のない箇所である。この点に関しては福音書全体が口をそろえ、一致してこのように教える。イエスは自分について、これ以外の仕方では語っていない。

さらにイエスは弟子たちについて、また弟子たちの自分との関係についてはどのように語るのか。この際常に前提となっているのは、弟子たちは彼らの当時の状態においては、真の現存を得ておらず――第三章においてイエスがニコデモに言っているように――あたかも彼らに代わってまったく新しい人間が生まれてくるかのように、彼らはそれまでの現存とは正反対のまったく異なった現存を得なければならない、ということである。つまり、イエスの最も透徹した言葉を借りるならば、彼らは要するにまったく存在していないのである。生きていないのである。死の中に、墓の中にいるのであり、まずイエスが彼らに命を与えねばならない、ということである。

これについては次の決定的な箇所を聞いていただきたい。

第六章五三節「私の肉を食べ、その血を飲まなければ（この表現は以下においてより詳しく説明されるであろう）あなたたちの内に命はない」。私の肉を食べ、私の血を飲むことによってのみ、あなたたちの内に命が宿るのであり、これなしには命はない、と。

第五章二四節「私の言葉を聞く者は永遠の命を有し、死から命へと移っている」。第二五節「死んだ者が神の子の声を聞く時が来る。いまやその時である。その声を聞いた者は生きる」。「死んだ者」と言われているこの死者は誰のことか。最後の審判の日に墓の中に横たわっている人か。これは粗雑な解釈である。すなわち聖書の表現を借りれば、肉による、霊によらない解釈である。その時は当時すでに来ていたのである。死んだ者とは、彼の声を未だ聞かなかった者であり、まさにその理由により死んだ者であったのである。

では、イエスが彼を信じる者に与えると約束した生命は、どのような生命なのか。

第八章五一節「私の言葉を守るなら、その人は永遠に死を見ることはない」。これは心ない解説者が解釈するように、人は一度死ぬが、永遠にではなく、最後の審判の日に再びよみがえる、という意味ではない。人はけっして死なないのである。ユダヤ人も実際そのように解釈し、アブラハムも死んだと言ってイエスに反論しようとした。イエスは彼らの解釈に同意したが、次のことを暗示した。イエスの日を見た――疑いもなくメルキゼデクを通してイエスの教えを打ち明けられた――アブラハムもまた実際死んだのではない、と。

第一一章二三節はさらに明瞭である。「あなたの兄弟は復活するだろう」。ユダヤ的妄想で頭が満たされていたマルタは、終わりの日の復活のときに復活することは存じております、と答えた。否、とイエスは言った。「私は復活であり、命である。私を信じる者は、死んでも生きる。生きていて私を信じる者は誰も、けっして死ぬことはない」〔一一・二五―二六参照〕。私との一致は永遠の神および神の生命との一致、そしてこの一致の確信を与える。したがって人は各瞬間に永遠性全体をそっくりもち、かつそれを所有し、時間における誕生および死という見せかけの現象をまったく信じない。したがってまた、死を信じないために、死からの救いとしての復活をも必要としないのである。

どこからイエスは、その弟子たちを永遠に生かすこの力を得たのか。神と自分との絶対的な同一からである。第五章二六節「父は、御自身の内に命をもっておられるように、子にも自分の内に命をもつようにしてくださったからである」。

さらに、いかなる仕方によってイエスの弟子たちは、神的生命と自らの生命との同一に参与するのであるか。イエスはとても多様な言い回しを用いているが、ここではその中で最も力強く明確な、しかもその絶対的な明瞭性のゆえに当時の人々にも、またその後今日に至るまでの人々にも最も理解されず、最も躓きの石となった言葉を引用しよう。第六章五三節から五五節「人の子の肉を食べ、その血を飲まなければ、あなたたちの内に命はない。私の肉を食べ、私の血を飲む者は、永遠の命をもつ。私の肉はまことの食べ物、私の血はまことの飲み物である」。これはどういうことであるか。イエス自身は第五六節で説明する。「私の肉を食べ、私の血を飲む者は、いつも私の内にとどまり、私もその人の内にとどまる」。また逆に、私の内にとどまり、私も彼の内にとどまる人は、私の肉を食べた、云々。彼の肉を食べ彼の血を飲むとは、まったく彼自身となり、余すところなく彼の人格に変化すること、彼をその人格性においてただ繰り返すこと、彼とともに実体変化することである。すなわち、彼が肉と血になった永遠の「言」であるように、彼の肉と血になり——これから結果することであり、同じことであるが——肉と血になった永遠の「言」そのものとなることである。

つまり、あたかもわれわれではなく彼自身が考えているように、まったく彼と同じように考え、あたかもわれわれの代わりに彼自身が生きているように、まったく彼と同じように生きることである。尊敬する諸君。もし諸君が私のこの言葉を低い次元に引き下ろしあれこれと解釈しないならば、すなわち人はイエスを到達しえない模範として、人間的な弱さが許す限りにおいて少しずつ遠方より模倣すべきである、と限られた意味に解釈するのではなく、私が述べたように人はイエス自身になりきらなければならないという意味に受け取るならば、イエスはまったく卓抜なる言葉を用いたのであって、これ以外には適切な表現がなかったことがかならずや理解されるであろう。イエスはけっして自分を到達しえない理想として主張したのではない。後世の貧しさが初めて彼をそうしたものにしたのである。使徒たちも彼をそのような者とは考えていなかった。もちろんパウロも考えていなかった。パウロは、私はもはや生きておらず、イエス・キリストが私の中で生きている、と言った〔『ガラテヤの信徒への手紙』二・二〇〕。イエスは弟子たちによって、彼自身そうであったような彼の特性において、まったく欠けるところなく繰り返されることを望んだのである。しかも彼は、これを絶対的で不可欠な条件として要求した。あなたがたは、もし私の肉を食べなければ云々、あなたがたの内に生命を得ることは一切なく、私があなたがたを見出した墓の中にこれからも横たわり続けるだろう、と。

ただこの一つのことを彼は要求したのである。それより多くも少なくもない。彼はけっして、自分は肉となった永遠の「言」であり――自ら称したように――キリストである、という単なる歴史的信仰をもって足りると考えたのではない。もちろん『ヨハネによる福音書』においても、彼は予備的条件として――端的に人が彼を聴き、彼の話に耳を傾けるために――信仰を要求した。つまり、彼はたぶんキリストであるかもしれない、という可能性をあらかじめ前提することを要求し、また驚嘆すべき不思議な業を実現することによってこの前提を強め、かつ容易にすることを厭わなかったのである。しかしながら、この予備的前提もしくは信仰によって初めて可能にされる、最終的で決定的な証明は次のことである。すなわち、人がただイエスを遣わした方の意志を実際に行うこと、換言すれば前述の意味において彼の血と肉を飲みかつ食することにより、この教えが神から出たものであり、イエスは自分自身からは語っているのでないとわかるようになる、ということである。また、万人に代わる彼の功徳への信仰が語られているのでもない。たしかに、『ヨハネによる福音書』においてイエスはこの世の罪を取り除く神の子羊であるが、しかし怒れる神に対し自らの血でもって贖罪する子羊なのではない。罪を取り除くとは次の意味においてである。彼の教えによれば、神およびキリストの外にいる人間は存在しているのではなく、死んでおり、葬られている。こうした人間はけっして神の霊的王国に入ることはない。いかにしてこの憐れむべき、真に存在しない人間がこの王国をいくらかでも乱し、神的計画を妨害することがありえよう。しかしながらイエスに変化し、それにより神に変化した者は、もはや自分が生きているのではなく、自分の中に神が生きているのである。いかにして神が自分自身に対して罪を犯すことができようか。それゆえイエスは、罪悪の妄想一切と、人間によって侮辱されたと思っているかのような神性へのはばかりを取り除き、根絶したのである。最後に、人がこうした仕方でイエスの特性を自分の中で繰り返すならば、イエスの教えによれば、いったいその結果はどうなるのか。イエスは弟子たちの前で父に向かって叫んだ。第一七章二〇節「彼らのためだけでなく、彼らの言葉によって私を信じる人々のためにも、お願いします。そのすべての人を一つにしてください。父よ、あなたが私の内におられ、私があなたの内にいるように、彼らをも私たちの内において一つにしてください」。「私たちの内において」一つにしてください。そうしたことが成就した今は、一切の区別が取り除かれたのである。教会全体が、すなわち初子もその後に生まれた者も前後を問わず、万物に共通な生命の唯一の根源である神性へと再び一つになるのである。こうしてわれわれが先に主張したように、キリスト教は

——その目的が達成されたものとすると——絶対的真理と再び一つになる。キリスト教自ら、各人は神と合一し、またその人格において神の現存そのもの、もしくは永遠の「言」となりうるものであり、またなるべきである、と主張するのである。

以上によりキリスト教の教説が、これまでの話において諸君に講じられ、またそれが今回の講義の冒頭において一つの全体的な概観に総括されたわれわれの教説と、生死の観念およびそれから結果するすべてのことにおいて、まったく一致することが証明されたのである。

終わりに臨んで、私が前回の講義を結んだその同じことを、ヨハネの言葉を通して聞いていただきたい。

ヨハネは、疑いもなく彼の福音書との関連においてであるが、その実践的な結果を次のように総括している。『ヨハネの第一の手紙』第一章「初めからあったもの、私たちが聞いたもの、目で見たもの、よく見て、手で触れたものを伝えます。すなわち、命の言について」。諸君は、ヨハネがその福音書において自らの思想を講ずるのではなく、単に自分が実際に体験したことを伝えるためにいかに心を砕いているか、注目せよ。「それをあなたがたにも伝えるのは、あなたがたも——いましがた引用したイエスの言葉の精神に全面的に従って、またそれに基づいて——私たちとの交わりをもつようになるためです。私たち（わたしたち使徒、あなたがた新改宗者）の交わりは、御父と御子イエス・キリストとの交わりです。……私たちが、神との交わりをもっていると言いながら、闇の中を歩むなら（われわれが神と合一したと信じながら、われわれの生において神的活動が発現しないならば）、私たちは嘘をついているのです（われわれは空想家や夢想家であるにすぎない）。しかし、神が光の中におられるように、私たちが光の中を歩むなら、互いに交わりをもち、神の御子イエスの血によって（けっしてわれわれの罪の贖いとして流された血という形而上学的な意味ではなく、われわれの内に入り込む彼の血と心、われわれの内の彼の生命として）あらゆる罪から清められ」、かつまた罪を犯す可能性からはるか彼方へとわれわれは引き上げられるのである。

第七講

尊敬する諸君。

存在および生に関するわれわれの理論は、いまや完全に講義された。これらの対象に関するキリスト教の理論もわれわれの理論とまったく同じであることが明らかにされたが、これはけっしてわれわれの理論をそれにより証明するためではなく、ただついでに述べたことにすぎないのである。後者の意味において私は諸君に、ここでなされた証明を引き続き用いること、したがって折にふれて聖書からの表現や比喩を——聖書には最高に表現力のある、はなはだ卓抜な比喩が存在するのである——想い起こさせることを、許していただきたい。私はこの許しを濫用しないであろう。私も知らないわけではないが、われわれの時代においては、教養階級での若干の人数からなる会合であれば、その中の二、三人はかならず、イエスのことが言及されたり聖書的な表現が使われると不愉快な感情を抱き、この話し手は偽善者かもしくは偏狭な頭の持ち主に違いないと疑うものである。これについて誰かを非難するというのは、まったく私の主義に反する。どれほど彼らがおせっかいな熱心家によってこれらの話でもって苦しめられ、またどのような不合理な事柄が聖書の教えとして彼らに押しつけられたのか、誰が知りえよう。しかしながら私は、他方またすべての教養ある会合においては、そして特にこの場においても、右に述べた回想や、それをもって同時に以前の若い時代の感情へ好んで戻る人々がいることも知っている。こうした二種類の人々も、ここでは互いに愉快に調和していただければ、と思っている。私は言うべきことすべてを、まず普通の書物の言葉で述べるであろう。聖書的比喩を不愉快に感じる人は、ただ前者の表現だけを手掛かりとして、後者の表現はまったく聞き流していただきたい。

さてわれわれの主張によれば、ここに提示された理論の生きた所有が——けっしてその干からびて、死んだようなただの歴史的な知識ではない——最高で唯一可能な浄福である。このことを明らかにするのが、今日からのわれわれの作業である。この作業は本来、講義全体の第二部をなすものであり、前回の挿話的な考察は、とりわけ第一部からの区別を明らかにするためのものでもあったのである。

どの場合でも、対比を行えば明瞭性は増すことになる。われわれはちょうど、人を浄福にする正しい考え方を深く把握し、生に従って叙述しようとするところなので、これと対立的な浅薄で不幸な現存の仕方を――われわれはキリスト教と同様、これを非存在、死的存在、生きながらの埋葬と名づける――念頭に置きながら、最初の講義のときよりも――もちろんわれわれは、そのときすでにこれを叙述したのであるが――より深くより具体的に特徴付けることは、有益なことであろう。以前われわれは、正しい考え方と対立した間違った考え方を、一者への沈潜と集中に対立する多様なるものへの散乱として特徴付けた。これがその根本的特徴であり、それに変わりはない。以前われわれは、間違った考え方がその上に散乱する多様な外的客体により多く注目したのであるが、しかし今回は、未だ客体をまったく考慮しなくても、その考え方はそれ自身において拡散し広がったもの、浅薄なもの、言わば外に注がれたもの、周囲に注がれたものであることを考察したいと思う。

すべての内的な精神的エネルギーはその直接的な意識においては、精神の一点への集中、把握、収縮――それ以外のとき精神は散乱している――として、また、この収縮を放棄して再び拡散しようとするたえざる自然な衝動に対する、この統一点における固持として現れる。端的に一切の内的なエネルギーはそのように現れる、と私は言う。そしてこの集中においてのみ人間は自立的であり、また自らを自立的と感じるのである。この自己集中の状態以外においては、人間はまさに流れ去り、流れ失せる。しかも自ら欲し、自らを形成するままにではなく(なぜなら自らを形成することはすべて、流れ失せることの反対、すなわち収縮であるから)、なるがままに、また無規則で不可解な偶然から与えられるがままに流れ失せる。したがってこうした後者の状態においては、人間はまったく自立性をもたない。彼は一個の独立した実在者として存在するのではなく、単にはかない自然的出来事にすぎない。要するに精神的自立性の根源的な像は、意識においては、永遠に自らを形成し、最もいきいきと自らを保持する幾何学的「点」である。同様に非自立性と精神的非存在の根源的像は、漠然と自らあふれ出る「面」である。自立性は世界に対して切っ先を向ける。非自立性は締まりなく広がった面を向けるのである。

第一の状態においてのみ、力および力の自己感情が存在する。したがってこの状態においてのみ、力強く精力的な世界の把握と貫徹が可能である。第二の状態において力は存在しない。精神は世界把握に立ち合っておらず、心ここにあらずという状態である。バール神の昔話にあるように、精神は旅に出ている。もしくは詩を作っているか、眠っているかしているのである。いかにして、こうしたありさまの精神が客体の中に自らを感じ、またそれから自らを区別することができよう。精神はそれ自体として客体と混ざり合う。したがって世界は精神にとって色あせ、精神はいきいきした存在者――本来精神はそれに自らの生命を関わらせ、またそれに自らの生命を対立させなければならないはずであるが――の代わりに、ただおぼろな影と霧の中の姿を受け取るにすぎない。こうした人々には、古代の預言者が異教徒の偶像について語ったことがよくあてはまる。「彼らは目があっても見えない。耳があっても聞こえない」〔『詩編』一一五・五―六〕。実際彼らは見える目でもって見ているのではない。以下のことはまったく違うことなのである。つまり、可視的形態をその明確な輪郭において目および心の中へと把握し、したがって以後いかなる瞬間においても絶対的な自由をもって、それを見たままの姿で心の目の前に再現できる――こうした条件の下でのみ、自分は見た、と言えるのであるが――ことと、揺曳する形なき幻影を、それが消え去り、われわれに対しその現存の痕跡を残さなくなるときまで念頭に浮かばせておくのとは、まったく違うことなのである。まだ一度も、外部感官の対象のこうした力強い把握の経験さえない人は、無限により高い内的生は、なかなか自分にはやって来ないだろうということを、十分承知していなければならない。

この茫漠として多様な精神的存在の中には、たくさんの対立や矛盾が静かに睦まじく併存している。この中においては何ものも分け隔てられ、区別されていない。すべては同等であり、相互に絡み合っている。このような人々は何も真理と認めず、何も虚偽としない。何も愛さず、何も憎まない。なぜならまず最初に——それは決定的なことであるが——承認のため、愛のため、憎しみのため、またすべての熱情のためには、まさしくあの精神的な自己集中が必要であるのに、彼らにはそれができないからである。次に、多様なるものの中から承認や熱情の唯一の対象を選択するために、多様なるものを区別し分離することが必要だからである。いかにしてこうした人々は、何かあるものを真理として確定することができよう。なぜならそうすると彼らは、この第一のものに対立する一切の可能な他のものを虚偽として拒否し、断念しなければならなくなるであろうが、これらのものに対する彼らの優しい愛着は、それを不可能にするであろうから。いかにしてこうした人々は、何かあるものを心全体でもって愛することができよう。なぜならそうすれば、彼らはこれと反対のものを憎まなければならないであろうが、彼らの漠然とした愛と愛想よさはこれをけっして彼らに許さないであろうから。彼らは何も愛さず、何に対しても関心をもたない、と私は言った。自分自身に対してさえも。もしいつか彼らが自分に対して「いったい自分の考えは正しいのだろうか。それとも正しくないのだろうか。自分自身は正しいのだろうか。それとも正しくないのだろうか。これから自分はどうなるのだろう。自分は幸福への途上にあるのだろうか。それとも不幸への途上にあるのだろうか」と問うならば、彼らは次のように答えるに違いない。「そんなことを考えて何になろう。私がどうなるかは見てみなければ分からない。なるようになるだけの話だ。そのうちにわかるさ」。こうして彼らは、自分自身によって軽蔑され、見捨てられ、放棄されている。彼らの最も近しい所有者、すなわち彼ら自身でさえも、彼らのことを気に掛けようとしないのである。いったい彼ら自身が置く以上の価値を、彼ら以外の誰が彼らに置くというのか。彼らは自分を、なるようになるために、盲目的で無規則な偶然に委ねたのである。

正しい考え方はそれ自体において正しく良いものであり、その価値を高めるためには、おそらく生じるであろう良い業をなんら必要としないように、ここで叙述された性向はそれ自体において卑しく非難すべきものであり、それが非難されるべきものであるために特別な悪をなんら付け加える必要もないものである。またその際何人も、自分は悪事をしているのではなく、むしろ自分なりの仕方で良いこと――と自分が名づけること――をしているのだ、と自分を慰めてはいけない。こうした考え方における真の罪深い高慢さはまさに、自分がもしそれを欲するならば罪を犯すこともできるし、もしそれをやめるならば人は自分に大いに感謝しなければならない、と考えることにある。彼らは間違っている。彼らは何もできない。

彼らはまったく現存していないのだから。彼らにとって存在しているように見えるそうした「彼ら」は、存在していないのである。彼らに代わって生き、働いているのは、盲目で無規則な偶然である。この偶然がそのときの情勢次第で、ここにおいては邪悪な現象として、あそこでは外面的に欠点のない現象として発現するのである。そうだからといって、盲目的に働く力の単なる反映および影である現象は、前者の場合は非難を受け、後者の場合は称賛を受けるにふさわしいわけではない。それらが悪しき現象として結果するか、もしくは良い現象として結果するかは、見てみなければわからない。しかも、そのようなことは少しも重要なことではない。いずれにせよ、それらは内的な精神的生命をもたずに、混乱し当てにならない結果に終わるであろうことを、われわれは確実に知っている。なぜなら、彼らの内に働いているもの、すなわち盲目的な自然力は、これ以外の仕方で働くことはできないし、この木が別な実を結ぶことはできないからである。

この状態を取り返しのつかないものとし、より良い状態への刺激および外部からの伝達に対して閉ざすものは、この状態に結びついているほぼ完全な無能力、すなわち彼らの考え方以上の何ものかを、たとえ歴史的にせよ、その真の意味において受け取ることができないことである。彼らは以下の場合、一切の人間愛に反し、まじめな人にはとても侮辱的な不正を加えるものであると信じるであろう。すなわち、どれほど巧妙な表現であろうとも、それを用いてある人が、彼らも考え言うようなこととは何か別のことを考え言おうとし、また事実考え言うことができる、などとみなす場合である。また、ある人が何かを述べる際に、その人が、古い周知の学課をはたしてよく暗記していたかどうかに関して、彼らの試問に応えること以外の目的をもっているなどと前提するような場合である。望むままに最も鋭利な対比によって自らを防護しても、また最も強力で目立ち、かつ印象的な表現を選ぶために言語のあらゆる秘術を尽くしても、一度彼らの耳に入るとそれはその本性を失い、古い陳腐に変ずる。そして一切を低く解釈し、一切を卑しめる彼らの技術は、他のすべての技術に勝ること無限である。こうした理由により、すべての力強く、精力的で、特に比喩を通じて理解を強いようとする表現は、彼らにとってははなはだしく不愉快なのである。彼らの規則によれば、どこにおいても最も一般的で無味乾燥かつ抽象的な、したがってまさに最も冴えない無力な表現が、選択されなければならないのである。これを守らない者は、粗野で厚かましいという烙印を押されねばならない。このようにして、イエスが「私の肉を食べ、私の血を飲み」と言ったとき、弟子たちはそれをひどい話だと思った〔『ヨハネによる福音書』六・六〇参照〕。また、イエスが神との合致は可能であると言及したとき、ユダヤ人たちは彼にぶつける石を手にした〔同一〇・三〇―三一参照〕。いつの時代でも彼らは自分が正しいと思っている。なぜなら、彼らが彼らの言語においてあれこれ言うことのほかには、何も言われることは端的にありえないし、また言われるべきではないからである。とすれば、同一のことを言い換えようとする奇妙な努力は、いったい何のためになされるのだ。それによって彼らは、それを再度彼らの言語に翻訳しなおすという余計な骨折りをしなければならなくなるだけではないか。

精神的非存在――もしくはキリスト教の比喩を用いるならば、体は生きているにもかかわらずすでに死んでおり、埋葬されていること――のこうした叙述がここでなされたのは、一つには対比により精神的生をより明確に示すためであるが、また第二の理由として、こうした叙述そのものが人間を幸福との関係において描写する際に欠くべからざるものであるためである。われわれは次にこの描写を行わなければならない。この描写の手引きとしてわれわれは、先に第五講で提示した世界観に関する五つの、あるいは学の立場は通俗的講義では省略されるべきなので、残りの四つの立場――世界および自己を享受する四つの仕方――を所有している。われわれはこれを使おうと思う。つい先程叙述した精神的非存在の状態はこれらの連関には属さない。この状態はけっして可能的で積極的な何ものかなのではない。それは純然たる無である。したがってわれわれにとっても、享受や幸福との関係においてただ消極的なものにすぎない。その中に愛は存在しない。しかしすべての享受は愛にもとづくものである。したがってこの状態にとっては享受さえもまったく不可能である。こうしたことを配慮して、われわれはこの精神的非存在の状態の描写を、これから提示される個々の、世界もしくは自己を実際に享受する特殊な仕方との対比において、絶対的無享受もしくは不幸の描写として前もって述べるべきだったのである。

すべての享受は愛にもとづく、と私は言った。では愛とは何か。私は「愛とは存在の熱情である」と言う。尊敬する諸君、私とともに次のように論証していただきたい。存在は自らの上に安らいでいる。自ら充足している。自らの内で完成しており、自ら以外の存在を必要としない。さて諸君。絶対的に自らを意識するこの存在が自らを感じるように仕向けよ。何が生じるか。それは明らかに自己集中（Sichzusammenhalten）および自己支持（Sichtragen）の感情、したがってまさしく自己自身に対する愛の感情であり、先程私が述べたように、熱情、存在による被触発性（Affiziertsein）、すなわち存在が存在たることの感情である。さらに諸君が、有限的な存在すなわち先程われわれが描写したような常に生成しつつある存在には、それにふさわしい真なる存在の原型が備わっていると措定するならば、有限的存在はまさしくこの原型を愛するのである。そして、その実際の感じられる存在がこの原型と合致するとき、その愛は満たされ、幸いとなる。これに対して、その実際の存在が原型と合致しないとき——にもかかわらずこの原型は生気を失わず、根絶されえず、永遠に愛されるものであるが——不幸となる。なぜなら、すべてのものにもまして愛さずにはいられないものが欠けているからである。有限的存在は常にそれを憧憬し、それを得ようと焦慮する。幸福とは愛するものとの一致である。苦悩とは愛するものからの分離である。愛によってのみ人は幸福の働きに身を委ね、また苦悩の働きに身を委ねる。愛さない人は、この両者に対して等しく守られている。しかし次のように考えてはならない。すなわちわれわれが始めに叙述したような、愛なきがゆえにむろん苦悩もまたないような、色あせ死んだような状態が、愛あるがゆえに苦悩もあり、したがってまた苦悩により傷つけられることもありうる生より好ましいものである、などと。第一に、苦悩の感情においても人は少なくとも自己を感じ、自己をもち、自己を所有する。このことだけでも、すでにそれ自身によって、自己感情の絶対的な欠如よりも幸福なること無限である。次にこの苦悩は、われわれを駆り立て前進させる有益な刺針である。そこに至る道が遠いにせよ近いにせよ、それはわれわれを愛するものとの一致へと、愛するものの中における浄福へと駆り立てるであろう。ただ悲しむことと憧れを感じることさえできる人は幸いである。

外部感官の対象にのみ実在性が認められる第一の世界観の立場においては、自分自身および世界の享受に関して言えば、感覚的享受が支配的なものである。この感覚的享受といえどもまた（学的目的のために、また先程提示された全題材の原則の説明のためにこれに言及するのであるが）存在の——すなわちここでは有機的・感覚的生としての存在の——熱情と、こうした存在への愛、および直接的に感じられ（ある人々が考えるように暗々裏の推論によって洞察されるのではない）、こうした存在を促進し発展させる手段への愛にもとづくのである。ある食物が美味しく、ある花の香りが快く感じられるのは、それらがわれわれの有機的現存を高め、活気付けるからである。よって美味しさや香りは、そうした上昇と活気付けの直接的感情にほかならない。もちろんそれは生全体の体系に属し、したがって尊大に軽蔑すべきことではないが、考察やまじめな顧慮にはあまり値しないこの享受に、われわれはこれ以上とどまるのをやめよう。しかし私は、相対的および比較的考量として次のことを大胆に公言する。すなわち私の考えによれば、理路整然とした哲学者にとっては、分散されない感官をもって全面的になんらかの感覚的享受に没頭することのできる者は、単なる浅薄さや散漫さ、放心のために、もっぱら味を享受すべきときに味を享受することができず、もっぱら香りを享受すべきときに香りを享受することができない者よりは、はるかに優れているのである。

社会的な状態においては、この単なる感覚的欲求とより高い立場とのあいだに、想像力によって媒介された——しかし結局は常に感覚的享受に関係し、それから発生する——熱情が中間段階として介入する。こうしてたとえば貪欲な人は進んで現在の窮乏を忍ぶ。彼は直接的にはけっして現在の窮乏を好むわけではないが、将来の窮乏はさらに好まないので、ただ後者に対する恐れから前者を取るのである。つまり、彼は奇妙な仕方で想像力を習慣付けてしまったので、彼が現在感じている実在的な飢えよりも、想像力の中に描く将来の飢えのほうがはるかに彼を苦しめるのである。直接的な感覚的享受に比べても空しく浅く気まぐれなこうした熱情——こうした領域に属するものは皆同様に浅く気まぐれである——にこれ以上とどまるのはやめよう。

世界観の第二の立場は、現前するものを秩序付ける精神的法則にのみ実在性を認める、合法性の立場であった。この立場の熱情は何であるか。また幸福に対するその関係は。私はついでながら哲学的知識をもっている人々のために、すでにカントが鋭い推論によってきわめて手際よく取り扱った題材に、二、三の短い注意を与えることにより、新たな光を投じようと思う。

この立場における人間は、その存在の最深の根底において自身法則である。この法則はこうした人間の、自らの上に安らぎ、自らを支持し、自分以外のものをまったく必要とせず、もしくはそのようなものを受け入れることさえできない存在である。すなわちそれは、端的に法則のための法則、自分以外のすべての目的を徹底的にはねつける法則なのである。

まず第一に、人間はこのように法則の中に根付くとしても、言うまでもなく存在し、思惟し、行為することができる。哲学者は、もしまったく浅はかでないならば、これをア・プリオリに証明するし、人間は――もし完全には粗野でなく、また混乱していないならば――これを永久に自分自身の中に感じ、その生涯全体と思惟全体により証明することができるだろう。われわれの時代において、今述べた命題がカントや他の人々によって再び提唱されたときに、神学者や哲学者、文芸家の大多数により申し立てられ、うんざりするほど繰り返されたあの有名な公理――すなわち人間はその欲求の対象である外的目的なしに意欲し、あるいはその行為の外的意図なしに行為することは、端的に不可能である、という公理――に対して人はまったく立ち入る必要はない。これに対してはただ冷たく無視するような軽蔑でもって応えればよい。いったい彼らは、そのように断定的に主張することをどこから知りうるのか。この公理をいかにして証明しようというのか。彼らはそれをただ自分自身についての知識から知るにすぎないのである。彼らは反論者に対しては、己れの胸の内を省み、己れを彼らと同様なものとみなすことだけを求める。彼らは自分にそれができないために、誰もそれができない、と主張するのである。いま一度繰り返すが、彼らは何ができないのか。行為以外の何かある意図なしに、意欲し行為することができないのである。いったい意欲や行為以外に、また精神の自立性以外に、それ自身の内にあるものは何か。それは感覚的幸福以外の何ものでもない。なぜなら、唯一これが前者に対立するものであるから。感覚的幸福、と私は言う。たとえ誰かがいかに変わった言い方をしようとも、また時間と場所を墓の彼方に移そうとも。では彼らはそう公言することによって、彼ら自身について何を公言したことになるのだろうか。答え。彼らは、もしそれによって到達しうる幸福への見通しが少しもないならば、思惟することも働くことも、また動くこともできない。彼らは自分自身を感覚的享受の手段や道具としてしかみなすことができない。彼らの滅しがたい確信によれば、彼らの中の精神的なものは、ただ動物的なものを養い育てるためにのみ存在するのである。いったい誰が彼らに彼らの自己知を拒もう。誰が彼らに、彼ら自身が最もよく知っているに違いなく、また実際彼らだけが知りうることについて、反論することを欲しようか。

第二の世界観の立場における人間は自身法則である、とわれわれは言った。もちろんいきいきとした、自らを感じ、自らにより触発される法則、もしくは法則の熱情である。しかし法則の熱情――法則としての法則の、またこの形式における熱情――は絶対的な命令、無制約的当為(Soll)、定言命法であり、まさしくその形式の定言性ゆえに、命令されたものへの一切の愛と傾向性をことごとく拒否する。私は、諸君が私とともにこの点を洞察されるよう求める。「～であるべきだ」(Es soll sein)、それがすべてである。端的に「であるべき」なのである。もし君が「欲する」ならば、「すべき」必要はなくなる。当為は時機を逸し、罷免されるだろう。逆にもし君がなにごとかを「すべき」であり、「すべき」ことが可能ならば、君は「欲し」ない。「欲する」は罷免され、傾向性と愛は断固として拒絶されるのである。

もし、人間が自分の生全体をもってこの法則の熱情に没頭することができるならば、その生はこの冷たく厳格な当為のままであり続けるであろう。そして、その人自身と世界についての見解に関して言えば、端的に無関心で、一切の共感と、快および不快に似た一切のものを徹底的に排除する判決――すなわちあるものが法則に適っているか、もしくは適っていないかという判決――のままであり続けるであろう。それは、人間がこうした熱情に没頭している場合、実際に見られる通りである。そうした人は、法則に関するはなはだ正当な認識において、自分自身に対して後悔することも不快を感じることもなく、「私はそのようには行為しないし、またそのように行為しようとも思わない」などと、自分の生まれる千年前に世界のどこか遠い所で、他の誰かがその人自身の責務を果たさなかったとでも言うのと同じような冷淡さで、公言するであろう。しかし通常こうした熱情には、われわれ自身とわれわれの人格に対する関心が結びついている。そしてこの関心はこうした熱情の性質を受け取り、それによって変容される。つまり、われわれ自身に関する見解が単なる判決であることに変わりはないが——それは法則の熱情によりそうでなければならない——しかしまったく無関心な判決ではなくなるのである。すなわちわれわれは、法則に従わずに行為する場合、自分を軽蔑せずにはいられない。法則に従って行為する場合、この自己軽蔑を免れる。そしてわれわれは前者よりもはるかに後者を好むようになるのである。

人間の自分自身に対する関心が法則の熱情の中に没してしまっている、とわれわれは言った。人間はただ、法則に対して自分自身を軽蔑すべく強いられたくないのである。自分を軽蔑したくない、という言い方は消極的である。しかしながら積極的に、自分を尊敬したい、ということはありえないのである。人が積極的な自己尊敬を語るいかなる場合といえども、人はただ自己軽蔑の不在を考えているにすぎない。またそれしか考えられない。なぜなら、ここで問題となっている判決は法則にもとづくものであるが、法則はまったく確定されたものであり、人間を全体的に要求するものだからである。人は二つの中の一つを選ぶことしかできない。法則に従わなければ、人は自分を軽蔑しなければならない。法則に従えば、人はただ自分に対し非難すべきものをもたないというにすぎない。人は自分の能力でもって法則の要求以上に出て、その規定以上のなにごとかをなすことはできない。そうしたならば、人はまさしく規定なしに行為したことになり、したがってそれは法則を外れた行為と言われざるをえないだろう。それゆえに人は自分を何か優秀なものとして、積極的に尊敬および尊重することはできないのである。

人間の自分自身に対する関心は、法則の熱情の中に没してしまっている。しかしこの熱情は一切の傾向性と一切の愛、一切の要求を滅する。人間はただ、自分を軽蔑せざるをえないようにならないことを欲する。しかしそれ以上の何ものも欲せず、必要とせず、また必要とすることもできない。その唯一の欲求において、人は端的に自分自身に依存している。なぜなら、人間がその中に没している絶対的法則は必然的に、人間を完全に自由なものとして定立するからである。この考え方により人間は、いまや一切の愛と傾向性および欠乏を、したがって人間の外部にあり、人間から独立した一切のものを超越する。自分自身以外の何ものをも必要とせず、また人間の中にある従属性を滅することにより、真に独立し、すべてを超越し、浄福な神々と等しいものとなる。満たされない欲求のみが人を不幸にする。君が君自身に与えうる以外の何ものをも必要とするなかれ。自ら省みてやましいところがないということが、君の君自身に与えうる唯一のものである。そうすれば君は永遠に不幸に陥ることはない。君は君以外の何ものをも必要としない。神さえをも。君自身が君の神であり、救い主であり、救済者である。

教養人には当然前提されるべきだけの歴史的知識をもつ人ならば誰しも、今私が古代人のあいだで名声を得ていたストア主義の考え方および体系を述べたことに、気付かれたであろう。この考え方の尊敬すべき形象を、古代のある詩人は神話のプロメテウスにおいて——その正しく良い行いの意識において、雲の上の雷神が頭上に次々と下す一切の責苦を嘲笑し、恐れない心で世界が頭上で崩壊するのを見るプロメテウスにおいて——提示した。また、われわれの詩人の一人は、プロメテウスをして次のようにゼウスに語りかけている〔J・W・ゲーテ「プロメテウス」一七七三／七五年〕。

ここに私は座り、私にかたどって、人間を作る。

私と同じ種族を。
苦しむことも、泣くことも、
享受することも、喜ぶことも、
お前を崇めないことにおいても、
　私と同じ種族を。

尊敬する諸君。われわれにとってはこの考え方が可能な世界観の第二の段階に位置し、より高い精神的生活の最初で最低のものにすぎないということは、すでに諸君の十分聞かれたところである。すでに前回の講義において私は、はるかに内密でより完全な生に若干触れた。また、これらを今後の講義において詳説するつもりである。しかしながらわれわれはけっして、それでも尊敬に値するこの考え方を精神的腐敗者たちの尊大な軽蔑に委ね、あるいはまたこれらの腐敗者たちに何かある隠れ家を空けておいてやろうとは、考えていないのである。この点を考慮して私は次のことを付け加える。

こうした考え方がもし神を認めるならば、それはその前提と矛盾することが、異論の余地なく真である。それが首尾一貫している限りは、たとえ自然の理論的な説明のために神を必要とすることがあっても、実践的要求のためにはけっして必要とすることなく、少なくともその心の中で必要とすることはなく、神を尊敬することもなく、自分自身が自分の神となるのである。しかしここで彼らが見放す神とは、いかなる神であるのか。それは、われわれが右で述べた感覚的幸福の気まぐれな提供者、すなわち人はまずなんらかの手段によってその好意を——たとえその手段が法則に適った態度であるにせよ——獲得しなければならないような提供者以外の何ものでもなく、またそれ以外にはありえない。なぜならこの立場においては、これ以外の神は不可能なのである。このように作り上げられた神を、この考え方が見放すのは至極当然であり、また見放すべきである。それは神ではないからである。より高次の見解もこうした形の神を二度と受け取らない。それについてわれわれは、いずれ時が来れば明瞭に洞察するであろう。ストア主義は真なるものを拒否するのではなく、ただ虚偽を拒否するのである。ストア主義は総じて真理には達せず、真理との関係においてはただ消極的であるにとどまる。これがその欠点である。

それゆえに、自らキリスト教的とも称するある体系の有する妄想、すなわちキリスト教によって感覚的欲望も神聖なものとされ、神に欲望の充足が委任され、そして人はこの欲望の奴隷になることにより、同時に神に仕えることになるという神秘が発見されうる、といった妄想は、誤れるものである。感覚的人間が求める幸福は、宗教が直接に与える浄福——宗教はそれを直接に与えるのであって、約束するのではない——からは、一切の傾向性を沈黙させる神聖な法則への服従という溝によって、一致しえないほど分け隔てられている。その隔たりは程度によるのではなく、内的本質によるものである。それゆえ、哲学者として同じことを述べる人々や、われわれの要求によりわれわれが人間的性質の根本特徴を消滅させ、その心を体から奪い去ろうとしている、と激した大声でもってわれわれに説教する人々は、彼ら自身が承認する卑賤性のほかに、なおその上はなはだ滑稽な姿を演じているのである。同様に、ストア主義によっては愛が根絶されると嘆く文芸家連中——なぜなら彼らは愛の下に、われわれが後程述べるであろう神的愛の炎を理解しているのではなく、ただ現世的な愛と情愛を理解しているにすぎない——や、差し出された菓子に無邪気に小さな手をのばす子供は、感傷的でまたそれゆえに好ましい光景であるという理由から、それと同様の仕方で振舞う大人もまじめな判断者の道徳的賛同を要求できる、と考える人々、すなわち一般的に言って、見物人に愉快で美しい見せ物を提供することができるものは、まさしくその理由によってそれ自身高貴で良いものであると考える人々、こうした人々は概念のはなはだ奇妙な混乱に陥っていると言わざるをえないのである。

幸福との関係において、第二の世界観の立場——幸福との関係においてはただ消極的であり、単なる無感動な立場——について私が述べるべきことは以上である。私はこれを鋭くまた的確に浮き彫りにしようとした。それはこの無感動を中間項として、卑俗なものを聖なるものから分け、両者のあいだに越えることのできない障壁を設けるためであった。この無感動にはいかなる制限があるのか、したがってそれゆえに、いかにしてそれは神的愛の中におけるより高い生の展開へと人を促すのか、については次の講義で話したいと思う。

第八講

尊敬する諸君。

この講義全体のすべての目的および内容は、一言で言えば、真にして本来的な、そしてまさにそれゆえに浄福なる生を叙述することにある、と言えるだろう。ただし良い叙述はすべて発生論的であり、叙述されるべきものの成立を観察者の目前で徐々に追わなければならない。だが本来的で精神的な生に対するそうした発生論的な叙述は、十分に可能なのである。なぜなら、われわれが以前すでに述べたように、生は発展するものであり――始めは比喩的に見えたが、後には文字通りに受け取られるべきであることが明らかになった――生は通常ただ漸次にまた次第次第に発展し、特定の諸段階を有するからである。われわれは精神的生のこうした段階として可能な世界観の五通りの立場を知り、これらを通して生を――最初はただ冷淡で無関心な見解として――上昇させた。しかし前回の講義においては、われわれはこの単なる見解をその熱情すなわち愛、そして自己享受と結びつけ、こうして初めて生の形式を完成したのである。前回の話でわれわれは、このように規定された生をゼロの状態、単なる感覚的享受の状態、厳格な合法性と法則性の状態、といった諸段階を通って案内したのであった。

精神的生のそのような叙述がより高い段階に進むと、それは沈滞した時代の大多数の人間にとってますます曖昧で難解になる、ということは言うまでもない。なぜならいまや叙述は、自らの精神的経験によっても他人の話によっても知ることのなかったこの疎遠な領域に入るからである。こうした事情は、そのような主題について語ることを企てる人に対して、次のような義務を課す。すなわち、たとえ積極的にすべての人によって理解されるという希望を放棄しなければならないとしても、少なくとも自分が原因となるような誤解は一切防ぎ、またたとえすべての人に真理をもたらすことができないとしても、自らの咎により誰も誤謬に陥ることのないよう努力し、さらにまた、少なくとも理解する能力を有する人々には真理を授け、彼らが自分たちの仲間うちで議論を交わし、歪められた解釈を訂正するくらいのことができるようにする、という義務である。このことが私に、今回の講義の一部を割いて、ここにおいて取り扱うべき――前回ではその頂点において放置しておいた――題材を、その深みにおいて論じ尽くそうと、決心させたのであった。

諸君の中ですでに思弁に熟達した人は、この機会においてすべての思弁の有機的中心点に——私の知る限りでは、これまでいかなる時にも、またいかなる場所においても行われなかったほどに——移行されるべきである。他方、われわれとともに哲学することができない人、あるいはそれを欲しない人に対しても、彼らの目前で哲学されるということは、少なくともこうした事柄に対する一般的概念を獲得する機会となりうる。また同時に、もし正当に行われるならば、哲学することはけっして普通考えられているように不可思議で不自然なものではなく、いたって単純かつ自然に行われるものであり、ただ持続的な注意力を必要とするにすぎない、ということを知る機会となりうるであろう。しかしながら後者の部類に属する人も、これから私の述べることを少なくとも歴史的に把握する必要はある。なぜならこの講義の終わりに至る前に、すべての人が知ろうと欲することが現れるであろうが、このことはもし最初の事柄を歴史的にしろ把握し、可能な仮定として措定するのでなければ、理解されえないであろうからである。

われわれは以下のことを洞察した。存在は端的にあるのであり、生成したものではなく、またそのうちの何ものも生成したのではない。さらにこの存在は、発生論的な把握によるのではない仕方で端的に見出されるがままに、外的にも現存する。そして、ひとたびそれが現存するものとして見出されたからには、この現存もまた生成したものではなく、存在の内的必然性の内に基礎をもち、その内的必然性により絶対的に措定されたものである、ということも十分理解される。存在はこの現存することを通して、またこの現存において意識へと、多様な仕方に分裂した意識へと――これらすべては現存より必然的に結果するものとして洞察される――成る。

われわれは、単にこうした一連の同じ言葉を繰り返すことを避けるために、存在において、現存から結果するものすべてを総括して形式と名づけようと思う。この言葉は、われわれが先程現存から結果するものとして洞察したすべてのものを意味するのである（私は共に哲学していない人々に注意するが、哲学的術語はすべてこうしたものである。術語的表現は単に文章の短縮であり、以前に直接的直観において見られたものを簡単に思い起こさせるためのものである。したがってこの直観をもたない人に対して、まさにこのような人に対してのみ、それは空虚で意味のない決まり文句なのである）。

それゆえ、われわれは二つのものをもつのである。一つは内的にそれ自身においてあるがままの存在であり、もう一つはこの存在が現存することにより受け取る形式である。はっきりさせておこう。形式を受け取るものは何であるか。答え。それはそれ自身においてあるがままの、内的本質の微塵の変化もない――まさにこのことが私には重要なのである――存在である。では現存においてあるものは何であるか。答え。それは一にして永遠不変の存在、それ以外には何も存在することのできない存在にほかならない。さらに問うが、この永遠の存在はまさにこの形式以外において現存することができるか。どうしてできようか。なぜならこの形式は現存以外の何ものでもなく、したがって存在は他の形式においても現存することができるという主張は、存在は現存せずに現存することができるという主張に等しくなってしまうであろう。存在をAとし、形式を――もちろん形式全体であるが――その単一性において考えてBとするなら、実際の現存はA×Bであり、B×Aである。AはBによって規定され、BはAによって規定される。規定される、と私は強調して言う。これは諸君が思惟において、末端の一つから出発するのではなく中心点から出発し、以下の理解を得るためである。この両者は現実においては合体し相互に浸透しているために、現実において両者は、現存の現実性が破棄されることなしには再び分離されえないのである。私が最も肝要とするのはこれである。これが一切の思弁の有機的統一点である。これを究める人には最後の光が明らかになったのである。

この点をさらに強固にしよう。神それ自身、すなわち絶対者の内的本質——われわれの認識能力の限界によってのみ、それ自身の外的現存から区別されるところ——であっても、本質と形式との絶対的融合を取り除くことはできない。なぜなら神の現存は、単に事実的な一瞥においてのみ、事実的で偶然的に映るにしても、ただそれだけが決定的な真なる思惟に対しては、けっして偶然的ではなく、それは現存し、またそれ以外にはありえず、その内的本質から必然的に結果しなければならないからである。それゆえ神の内的本質にもとづいて、この内的本質は形式と不可分に結合し、また自らによって形式の中に入ったのである。以上のことは、理解することができる人に対しては、世界の始めから今日に至るまで支配している思弁の最大の難点を容易に解決し、またわれわれによってすでにもたらされたヨハネの言葉の解釈をより強固にするものである。その言葉とはつまり、初めに——反対の一切の可能性や一切の恣意、一切の偶然、したがってまた一切の時間から端的に独立し、神的本質自身の内的必然性に基礎付けられて——形式があった、ということである。そしてこの形式は神と共にあった。神的本質の内的規定の中にあり、かつ基礎付けられ、またそこからその現存が発生しながら。形式はそれ自身神であった。神は自らにおいてあるがままに、形式の中に顕現したのである。

たとえば形式の一部分は、それ自体においては永遠に自己同一的な存在（＝A）の、無限なるものへの形態化および特徴化であった。諸君が自分自身を試みるために、私は質問を提出しよう。いったいこの無限の形態化および特徴付けの中において、実際に活動をもって形態化するもの、および特徴付けるもの自体は何なのであるか。それは形式であるか。言うまでもなく形式はそれ自体においてはまったく無である。否。自らを形態化しているのは、絶対的に実在的なもの（＝A）である。自らを、内的にあるがままの自らを、無限性の法則により形態化する、と私は言う。無が自らを形態化するのではない。内的な神的本質が自らを形態化するのである。

諸君はこの無限性の中から、どこでもいいが、ある特定の瞬間の内容を取り出してみよ。自明なことであるが、この内容はまったく規定されている。それであるところのものであり、それ以外のものではない。私は問う、なぜこの内容はそれであるところのものなのか。何によってそのように規定されているのか。諸君は次のように答えるほかはない。それは二つの要因によってである。一つには絶対者がその内的本質においてあるがままにあるからであり、次にはこの絶対者が無限に自らを形態化するからである。内容から内的本質に由来するものを引けば、この瞬間において残るもの、すなわちこの瞬間において純粋かつ単に形態であるものは、無限の形態化の内でこの瞬間に対して残されたものである。

分裂のこうした無限性は形式の一部分である、とわれわれは言った。これによりわれわれの根本命題をより明らかにするために、われわれは例としてこの一部分を用いたのである。しかしわれわれの現在の目的のためには、形式の第二の部分が重要なのである。われわれはこの部分に対して、すでに提示し、おそらく理解されたであろう原則を規定的に適用しようと思う。私はこのことのために、新たに諸君の注意を要求する。

形式のこの第二の部分は、実在性に関する並列的で、かつ支配的な立場としては相互に排除し合う五つの立場への分裂である。並列的で、支配的なものとしては相互に排除し合う、ということに注意することが大切である。ちなみにこれは、先程すでに証明されたことであるが、直接的にまた一見しても明らかなことである。繰り返すが、この新しい分裂において分裂するものは何であるか。それは明らかに、自らの内にあるがままの絶対者である。すなわち無限なるものへ分裂もする、形式の不可分性と単一性におけるあの同じ絶対者である。これは疑う余地がない。しかし、この立場はいかに措定されているのか。時間において流れ行く一切の無限性のように、現実的に措定されているのか。否。なぜならこれらの立場は一つの同じ瞬間において、支配的なものとして相互に排除し合うからである。したがってこれらはすべて、これらのいずれかによる一切の瞬間の充塡に関しては、ただ同様に可能なものとして措定されているのである。そして存在は個々の立場に関しては、必然的にそのように受け取られねばならないものとしてではなく、また実際にそのように受け取られたものとしてでもなく、ただ可能的にそのように受け取られるものとして、現れるのである。詳しく言うならば、第一の仕方あるいは第二の仕方などにおいて、一者、すなわち無限の時間へと回復不能に分裂したものが現れるのであるか。けっしてそうではない。この存在は、自分がいかに受け取られるかということに関しては、それ自身自らによって完全に不定であり、完全に無関心なのである。実在的なものはこれに関しては、ただ可能性にまで至るにすぎず、それ以上には行かないのである。したがって実在的なものは自らの現存により、その内的な本質において自分から完全に独立した自由と自立性――自分がどのように受け取られるか、もしくはどのように反省されるかという仕方の自由と自立性――を措定する。これをさらに厳密に述べるならば次の通りである。絶対的存在はこうした自らの現存において、自分自身を受け取ることのこのような絶対的自由および自立性として、また自らに固有な、内的存在からのこのような独立性として、自分自身を措定するのである。絶対的存在は自分の外に自由を創造するのではない。絶対的存在自身が、形式のこの部分においては、自分自身の外にあることの自らに固有な自由なのである。この点について絶対的存在は、現存における自己を存在における自己より分け、自己を自分自身から押し出す。しかしこれは、再びいきいきと自分自身の中に還帰するためである。さて、反省の一般形式は自我（Ich）である。したがって絶対的存在は、自立的で自由な自我を措定する。または自我――自我である以上、自立的で自由な自我である――は絶対的形式（＝B）に属し、絶対的本質の絶対的形式における本来的な有機的統一点でもある。なぜなら、先程形式の第二の部分として当面の問題外に置いた無限への分裂は、われわれ独自の演繹によれば、反省形式の自立性にもとづいていたからでもある。そしてこの分裂は、先に述べたところによれば、神的本質の内的必然性と不可分であり、したがって神自身によってさえも取り除かれることはないものである。

ついでながら以下の命題にも軽く言及しておこう。

（一）　自由は確かに真に現存するものであり、それは現存の根底でさえある。しかし自由は直接的に実在的なのではない。なぜなら自由においては、実在性は可能性にまで達するにすぎないからである。後者の命題において逆説的に見えるものは、われわれの考察が進むにつれて自ずから解決されるであろう。

（二）　時間の中における自由、時間の充塡を自立的に決定するための自由は、すでに挙げられた精神的生の五つの立場に関連してのみ、またこれらの立場から結果する限りにおいてのみ存在するのであり、この五つの分裂の彼方にあるのではない。なぜなら彼方には内的に規定された絶対的本質だけがあるからであり、それは不可変的に規定された無限性の形式、および実在性そのものによって直接に充塡された時間の中にあるのである。しかし、自由はこの分裂の此方に措定されているわけでもなく、また自我がこれらの立場の一つに静止的に措定されているのでもない。此方にもまた、厳密な必然性と原理からの結果があるのである。

以上のことは他の点において重要であり、また、よく知られていないように見えるので、ついでながら述べたのである。次に述べることはついでではなく、われわれの目的に直接に属することであるので、私は新たに諸君の注意を要求する。

(一) 自我の自立性と自由は自我の存在に属し、おのおのの存在は直接的な意識の中に熱情をもつ。ゆえに、自らの自由に対するそうした直接的な意識がある限り、必然的にまたこの自立性に対する熱情すなわち愛、およびそれから結果する信仰も現前する。自らの自由の直接的な意識がある限り、と私は言った。その理由は以下の通りである。

(二) これがこの考察全体の主要事項であり、これまで述べたことの本来的な目的であるからよく理解していただきたい。こうした自由と自立性は、生の諸々の立場の単なる可能性以上のものではない。この可能性は、数の上では、指摘された五つの仕方に限定されている。したがって誰かがこうした図式による把握を完成するならば、その人はすなわち可能性を完成し、可能性を現実性にまで高めたことになる。その人は自らの能力を使い尽くしてしまい、自らの自由の持ち分を費やしてしまったのであり、その現存の根底にはもはや自由は残っていない。存在とともに必然的に熱情や愛、信仰も疑いもなく消失するのである。もちろんこれは、はるかにより神聖な愛、はるかにより浄福な信仰にその場所を譲るためではあるが。自我が根源的な自発性により、実在性の完成した形式への自己創造にまだ従事すべきあいだは、自我の中において自発性への衝動や、前進させる有益な刺激たる満たされない衝動、および自由の親密な自己意識は残る。このような状況において、自由のこうした自己意識は絶対的に真であって、欺瞞ではない。しかしこの衝動が完成すると、この意識は――これはいまや人を欺くものとなるだろう――消失し、それ以後実在性は、唯一残存した根絶されえない無限性の形式において静かに流れ行くのである。

ゆえに私は、諸君の中の思索している方々に対してだけではなく、一般に理解しうる結論として次のことを主張する。一方自らの自立性に対する熱情と愛および信仰の現存、他方この熱情の欠如、これが世界に対する見解および享受の、二つの相反するあり方――私はこれまでの五通りの分裂をより先鋭にこの二つに総括する——の中心点である、と。

まず始めに、自らの自立性に対して熱情の現存している状態に関して言えば、これもまた二つの異なった形式を有する（これは先程提示した上位区分の第一の部分における下位区分であることに注意していただきたい）。その中で第一のより低い形式を、私は次のようにして諸君に明らかにしようと思う。自立性の主体としての自我は、諸君もご存知のように反省である。反省は、同じく諸君がご存知のように、その第一の機能において世界の形態化、さらなる規定化、特徴付けである。こうした諸形態および形態化の中において、ここでわれわれによって叙述されるべき特別な自我は、固有にして自立的な存在である。それゆえにこそ自我はその規定された自らの存在を愛をもって抱擁し、そうしてこの規定された存在の衝動と欲求を受け取るのである。もう一度繰り返すが、この規定された存在とはいかなる存在であったか。それは自我の生の規定された形態における存在である。この形態化の欲求はどこから生じるのか。それは、自我の自由の立場における、自我の自己愛から生じる。欲求が満たされたとき何が与えられるのか。享受が与えられる。この享受は何から生じるのか。それ自身形態化された、すなわち対象的で分裂した多様な世界によって、自我の生をある特定の形態にすることから生じる。ここに人間の感覚的欲求の中心点があるのであり、これが感覚的世界の本来的な創造者である。こうして、われわれの生のある特定の規定された形態に対する欲望と欲求が生じるのである。これが一番重要な点であり、根本的な特徴である。この特徴によく注意していただきたい。すなわち、そこで生じるのは、特定の対象における、またそれを通じた幸福への衝動である。幸福へのこうした衝動の対象的規定が無にもとづくものではなく、自立性のこうした形式にとにかくとどまっている実在性にもとづくものであることは明らかである。また同様に、世界の形態化のこうした形式においてはたえざる変転が起こるために、自我もまた進行しつつ変化し、したがってまた自我が幸福を措定すべく強いられる対象も漸次に変化し、進行の中で欲求の最初の対象が疎んじられて、他のものがこれに代わるということも明らかである。われわれを幸福にする対象が本来何であるかについてのこうした絶対的な不確実性のために、結局のところ人はこの点についてはまったく空虚で無規定な概念——ただし、幸福は何かある特定の対象から生じるはずであるという、あの根本的特徴は依然として保持している概念——を持ち出してくる。すなわちそれは、その中においてわれわれの一切の欲求が——それが何であれ——たちどころに満たされるという生の概念であり、一切の悲痛、一切の辛苦、そして一切の労役の欠如の概念である。それはつまり、ギリシア人の言う幸福者の島やエリュシオンの野であり、ユダヤ人の言うアブラハムの膝であり、通常のキリスト教徒の言う天国である。この段階における自由と自立性は実質的である。自らの自由と自立性に対する熱情の現存の第二のあり方は、この自由がただ一般的に、そしてまさにそれゆえに純粋で空虚、かつ形式的に感じられ、また愛される――自分からある特定の状態を措定して、これを追求することなく――ときのそれである。これは前回の終わりに述べた合法性の立場で、すでに知れ渡っていることを想起させるために、われわれはこれをストア主義とも名づけたのであった。この立場は自らを総じて自由であると考える。なぜならそれは、自分は法則に従わないこともできる、と考えているからである。したがってそれは自分を分離し、独立した力として法則――あるいは、法則に見えるものなら何でもよいが――に自分を対峙させる。自分は法則に従わないこともできるという以外に、その立場は自分を理解し評価することはできない、と私は言った。しかしながら同様に必然的なその見解によれば、それは法則に従うべきなのであり、傾向性に従うべきなのではない。したがって言うまでもなくこの立場に対しては、幸福への権利や――もし以上のような見解が実際にこの立場においていきいきとしているならば――幸福への欲求、および幸福にしてくださる神への欲求もまったく消失する。しかし、最初の前提、つまり従わないこともできるという能力の前提によって初めて、総じて法則が成立するのである。なぜなら傾向性を奪われた自由は空虚で、方向をもたないからである。この立場は自由を再び結びつけなければならない。ゆえに自由のための枷、もしくは法則とは、まったく同じものなのである。それゆえ一切の傾向性を捨て去った後でも、それにもかかわらず持ち続けている自由に対する信仰によってのみ、この立場は自分に対する法則を可能ならしめ、そして真に実在するものは法則の形式であるという見解を抱かせるに至るのである。

　このことを以下のように深く、したがってまた十分明瞭に把握していただきたい。

（一）　神的本質は、相互に排他的な自由の立場においては、分けられることなく全体的に現れるのではなく、ただ一面的に現れるのである。しかしこの立場の彼方では、なんらかの覆いに覆われることなく——覆いはこの立場においてのみ基礎付けられるにすぎない——それ自身においてあるがままに、現れる。無限へと自らを形態化しながら。この永遠に流れ続ける生の形式において、すなわち、それ自身においては単純で内的な生と、不可分な形式において。さて、神的生のこうした永遠の流れは、現存の——すでに指摘した本質と形式との絶対に解消されない合一の——本来的な最奥で最深の根底である。現存のこうした存在は明らかに、すべての存在と同様に、熱情を持ち合わせている。それは絶対的な実在性の不動で永遠不変な意志であり、必然的に自らを発展させねばならぬごとく発展しようとする意志でである。

(二) ある自我がまだ自由のいずれかの立場に立っているあいだは、まだ固有の存在を有している。この固有の存在は、神的現存の一面的で不十分な現存であり、そもそも存在の否定である。このような自我はこうした存在の熱情と、こうした自らの存在を主張しようとする――目下のところは不変不動な――意志を有する。したがって常に現前するその意志は、完全な神的現存の不動な熱情および意志とけっして一つではない。

(三) それにもかかわらず、このような立場における自我が、永遠の意志に従って意欲することが可能であるとした場合、それは自我の常に現前する意志によって生じることは端的に不可能なのであり、自我は意志的決断と呼ばれる第三の介在的意欲によって、まずそうした意志を抱かねばならない。法則の人はまさしくこうした場合に該当するのであり、逆にまたこうした場合に該当することによって彼は法則の人になるのである。彼は、従わないこともできる、と公言するが――ここでは身体的な能力を問題としているのではなく、身体的能力が意欲に従属していることは前提されているため――これは従わないことを欲することもできる、ということである。そして疑いもなく、彼の自己意識の直接的な表明としてのこうした断言に信を置かなくてはならない。このような断言――これが彼の考え方の本来的な根底であり、この点においてわれわれは彼を把握しなければならない——をなすということは、従うということが、彼にとって支配的で常に進んでする気のある意志なのではない、ということを公言することである。なぜなら、誰が自分の意志に反することができよう。誰が、常に整い用意のできた意志を超えて考えることができようか。しかしこれは、彼が従うことを嫌悪しているということではない。なぜならこうした場合にはほかの、とりわけ感覚的な傾向性が、彼の中を支配していなければならないであろうが、これは前提に反しているからである。と言うのは、そうだとしたならば彼は加えて不道徳なのであり、外的な強制手段により規律と秩序に保たれねばならないであろうから。そうではなく、ただ彼は従うことに乗り気でないのであり、それに対して総じて無関心なのである。彼自身の常備の意志におけるこうした無関心によって、この意志は彼に対して彼以外の意志となる。彼はまずこの意志を、当然これを欲しない彼の意志に対する法則として自分に提示する。そしてこの法則に従うために、彼はまず意志的決断によって、当然彼に欠如している意志を作り出さねばならない。このように感覚的意志を放棄した後になお残る、永遠の意志に対する無関心が、心情における定言命法の根源なのである。またさらに、われわれの自立性——少なくとも形式的自立性——に対する持続した信仰が、こうした無関心の根源なのである。

自由の最高の行為と自由の完成とによってこの信仰が消失すると、それまで存在していた自我は純粋な神的現存の中に消え去る。そして人は厳密には、この神的現存の熱情と愛および意志が自分の熱情と愛および意志になった、と言うことさえできない。なぜならば、総じてもはや二ではなく一が、二つの意志ではなく唯一にして同一の意志が、すべてにおいてすべてであるからである。人間が自らまだ何かであろうと欲する限り、神は人間に到来しない。なぜなら、いかなる人間も神になることはできないからである。しかしながら、人間が純粋かつ全体的に、また根底まで自分自身を無にするならば、神だけが残り、神がすべてにおいてすべてとなる。人間は神を創造することはできない。しかし自分自身を——本来的否定として——無にすることはできる。そしてそのとき人間は神の中に沈潜するのである。

こうした自己無化は、自己の現存によって規定された低次の生にまったく対立するより高次な生への参入である。われわれの最初の数え方によれば、世界観の第三の立場すなわち純粋でより高次な道徳性の立場の獲得である。

こうした心意の本来的で内的な本質と、この世界の中心に備わる浄福とについては、われわれは次回で述べようと思う。今はただ浄福と低次の感覚的世界との関係を述べるにとどめよう。私は先に基礎を十分深く築いておいたので、その際私の意図する副次的目的——浄福と幸福とのよくある混乱に対する一切の弁解を取り去るという――も達成されるだろうと信じる。この低次の考え方は――真摯な人に遭遇するときには、その常々言い続けていることを言わなければよかったと思うかもしれない――慈悲深い薄暗がりと概念のある種の無規定性をこよなく愛する。これに反してわれわれにとっては、これを明るい光の下に引き出し、断固としてこれと訣別することが好ましいのである。彼らは妥協を好む。もちろん、彼らが精神をまったく放棄することを望んでいるのではない、ということはわれわれも知っている。われわれはこの点について彼らに罪を着せるほど不当ではない。ただ彼らはまた、肉を放棄することも欲しないのである。しかしわれわれは妥協することを欲せず、また妥協することができない。なぜならこの二つのものはまったく両立せず、一方を欲する者は他方を捨てなければならないからである。

自分自身についての見解、すなわち自立して感覚世界の中に生きる人格であるという見解は、第三の立場にある人にとっても依然として残る。なぜならこの見解は不変な形式の中にあるからである。ただし彼の愛と熱情は、もはやその方へは向かわないのである。いまや彼にとって人格や感覚的自立性全体は何を意味するのか。それは明らかに目的のためのただの手段、つまり彼自身欲し、何ものにも勝り愛すること――すなわち彼の中に開示される神の意志――を行うための手段にすぎないのである。これは、ちょうどストア主義者にとって人格性が法則に従うための手段にすぎなかったのと同じであり、この点において両者はまったく等しく、われわれにはそれらが一つのものと思われる。これに反して感覚的人間にとっては、個人的で感覚的な存在が最終的で本来的な目的であり、これ以外に行い、あるいは信じる一切のものは、この目的のための手段にすぎないのである。

人が二つのものを愛し、あるいは二つの目的をもつということは端的に不可能であり、絶対的な矛盾である。すでに叙述した神への愛は、個人的な自己愛を端的に根絶する。なぜなら後者の根絶により、初めて人は前者に達するからである。また同様に、個人的な自己愛のあるところに神への愛はない。なぜなら後者は自分と並んで他の愛が存在することを許さないからである。

すでに右で述べたように、ある一定の形態の生、および何かある対象からの幸福を欲求することが、感覚的な自己愛の根本特徴である。これに反し神への愛は、生のすべての形態およびすべての対象をただ手段とみなし、与えられるものはすべて正しく必要な手段である、ということを知っている。したがって、ある仕方で規定された対象を欲することはおよそまったくないのであり、すべてを与えられるがままに受け取るのである。

さて、感覚的で対象的な享受に飢えた人は、もし彼が男らしく首尾一貫した人ならば、何をするであろうか。私は次のように考える。彼は自分自身をよりどころとし、全力をあげて享受の対象を獲得しようとするだろう。そして獲得したものを享受し、仕方のないものは諦めるだろう。しかし、もし彼がこれに加えて幼稚な迷信家であったならばどうなるであろうか。彼は、自分の享受の対象は神が保管しており、もちろん自分にそれを授けてくれるが、神はその骨折りの報酬として彼の側からも何かを要求する、という話を信じるだろう。そして、神とのあいだでこれについて契約が結ばれている、と本気に思い込むだろう。また、諸々の文書がこの虚偽の契約の証拠として示されると、それを信じてしまうだろう。

こうした考えを抱いている彼は、いったいどのような状態にあるのか。彼にとっては常に享受が本来的な目的であり、彼の空想上の神への服従はこの目的のための手段にすぎないのである。このことは承認されなければならず、いかなる弁解もありえない。人はよく「私は神の意志をただ神の意志のために欲しているのであり、幸福はただ付随的に欲しているにすぎない」と言うが、こうしたことはありえない。このように言う人よ。いましばらくこの「付随的に」ということは別にして、君が幸福を幸福のために、つまりその下にあれば楽しくなるだろうと思い、また楽しくなりたいので欲している、ということは君も認めるだろう。

だがそうだとすれば、君はけっして神の意志を神の意志のために欲しているのではない。もしそうだとすれば、君は幸福を欲することはできないはずであるから。というのは、第一の意志は第二の意志を取り除き破棄するのであり、破棄されるものと破棄するものが並んで成り立つことは端的に不可能だからである。君が言うように、君が神の意志をも欲しているのは、ただそうしないと君が本来欲しているもの、すなわち幸福に到達することができないと思っているからである。つまり神への意志が、君の本来もっている幸福への意志の条件になっているにすぎないのである。すなわち君は、神の意志をただ付随的に仕方なく欲しているのであり、自分から自発的には幸福だけを欲しているにすぎないのである。

このような幸福を目前より遠ざけ、墓の彼方の別の世界に移しても同じことである。そこにおいて人は、より容易に概念を混乱させることができると思っているようであるが。こうした考えを抱く人よ。諸君が諸君のこの天国について何を言おうとも、あるいはむしろ、諸君の本当の考えが明るみに出ないゆえに何を沈黙しようとも、諸君が天国を時間に依存させ、さらに別の世界に移しているという状況だけですでに、その天国が感覚的享受の天国であることを、異論の余地なく示しているのである。ここには天国はない、と諸君は言う。しかし彼方にはあるであろう、と言う。私は諸君に尋ねたい。いったい彼方において、ここと異なってありうるものは何であるか。明らかにそれは、われわれの現存の環境としての世界の対象的性質にほかならない。したがって諸君の考えによれば、現在の世界から天国としての資格を奪い、未来の世界に天国としての資格を得させるものは、等しく対象的性質にほかならない。ゆえに諸君は、諸君の幸福が環境に依存するものであり、したがって感覚的享受にすぎないという事実を、もはやこれ以上隠すことはできないのである。もし諸君が浄福を、そこにおいてのみ見出しうる所において、すなわち純粋に神の中において、また神が顕現するという事実において求めるならば、そして神が顕現する際の偶然的な形態においてけっして求めないならば、諸君はなにも彼方の生を希求する必要はないのである。なぜなら神は、永遠にわたってあるであろうように、すでに今日あるのであるから。私は諸君に次のことを保証する。そしていつか本当に起こったなら、私の言ったことを思い出していただきたい。すなわち、もし諸君が第二の生においても——もちろん諸君はそこに至るであろう——諸君の幸福を環境に依存させるならば、諸君は現在の生におけるのと同様に、依然として自分が不幸であるのを見出すであろう。そして諸君は第三の生に希望を託すであろう。さらに第三の生においては第四の生に希望を託し、こうして無限に至るであろう。なぜなら、神は環境によって人を幸福にすることはできず、またそれを欲するのでもなく、むしろ神は一切の形態なしに自分自身をわれわれに与えようと欲しているからである。

要するに、こうした低次の考え方を祈りの形式にするならば、以下のようになるだろう。「主よ。ただ私の意志が実現されますように。永遠に、まさにそれゆえに幸福な永遠にわたって。その代わり、この短く苦労の多い現世において、私はあなたの御意志に従いましょう」。これは明らかに不道徳であり、愚かな迷信であり、不信心であり、また神聖で恵みを垂れる神の意志に対する真の冒瀆である。

これに対して、真なる道徳者および宗教者のたえざる心意を表現すれば、次のような祈りになる。「主よ。ただあなたの御意志が実現されますように。そうすればそれにより私の意志も実現されます。あなたの御意志が実現されることのほかに、私は何の意志ももちませんから」。いまやこうした神の意志は、必然的に間断なく実現されるのである。まずこのような神に帰依する人の内的生活において。これについては次回述べることになる。次に、彼に外的に遭遇するすべてのものにおいて。これは、ここでまず述べられるべきである。彼が遭遇するすべての出来事は、彼の内部において行われつつある神的活動の必然的で不変的な外的現象にほかならない。したがって彼は、内的なものが——それはそのようにしか現象できない——今と違ってあることを欲することなしには、また、自分の意志を神の意志から引き離し、それに対峙させることなしには、これらの出来事において何かが今と違ってあることを欲することはできない。もはや彼にはこれらの事物の中で選択する余地は残されていないのであり、すべてを来るがままに受け取らねばならないのである。なぜならば、来るものはすべて彼に対する神の意志であり、したがって来ることができた最高のものだからである。神を愛する人々にとって、万物は端的かつ直接的に、最高に益とならなければならない〔『ローマの信徒への手紙』八・二八参照〕。

内的なものをまったくもたず、総じてただ外的なものにすぎないために、内的に神の意志が行われることのない人々に対しても、それにもかかわらず、外的には——神の意志は彼らに対してはただ外的に起こるのみである——一見無慈悲で罰するかのような、しかし根底においてはこのうえもなく慈悲深く愛に満ちた神の意志が行われるのである。なぜなら彼らは、苦境に陥り、さらにますます苦境に陥り、いつも目の前に見えながらしかも逃げ去る財をつかもうと無駄な努力を繰り返した末に疲労困憊し、そして他人から軽蔑され嘲笑されることによってついに、幸福をそこにおいてのみ見出しうる所において求めるよう駆り立てられるからである。神を愛さない人々にとって、万物は直接的には苦悶と懊悩を増すものであるにちがいない。しかし万物は、ついにはこの苦悩を通じて間接的に、彼らに救いをもたらすものとなるのである。

第九講

尊敬する諸君。

われわれの前回の講義の結論であり、われわれの到達した点は、以下の通りであった。人間が未だ自分自身に対して何かであろうと欲する限り、彼の中の真なる存在および生は発展することができず、まさにそれゆえに彼は浄福にも至ることはできない。なぜなら一切の自分の存在は、単に非存在あるいは真なる存在の制限にすぎないからである。したがってもし彼が第一の立場、すなわち幸福を対象から期待する感覚性の立場にあるならば、彼が受けるのはまったくの不幸である。なぜなら、いかなる対象もけっして人間を満足させることはできないからである。あるいはまた、単なる形式的合法性という第二の立場にあるとすれば、彼は不幸ではないが、さりとて浄福でもなく、純粋な無感動や無関心な冷淡さ、生のあらゆる享受に対する絶対的な無感受性の状態にとどまる。これに反して、人間が最高の自由によって自分自身の自由および自立性を放棄し、また失うとき、彼は唯一の真なる神的存在とその中に含まれている一切の浄福にあずかるに至る。そしてわれわれは、これと対立した感覚的な考え方から完全に訣別し、以後これを打ち捨てておくためにまず、こうした真なる生に到達した人が外的で感覚的な生をどのように見ているかについて述べ、以下のことを見出した。すなわちこうした人は、そのまったく個人的な現存およびそれにともない生じる一切の外的な出来事を、単に自分の中で実現されつつある神の業の手段として、しかもすべてをありのままに、必然的に最高で最も目的に適った手段とみなしているのであった。したがってまた、そうした出来事の対象的性質について批判や選択をしようとはせず、すべてをあるがままに受け入れるのであった。これに対して、こうした人の本来的で内的な生に関する叙述は今回の講義に残しておいたので、まずこの叙述を始めよう。

以前すでに私は、精神的生の第三の立場、すなわちより高次な本来の道徳性の立場――疑いもなくこれが、われわれの差し当たって到達した立場である――と第二の単なる形式的合法性の立場とは以下の点で区別される、と述べた。すなわち、前者はまったく新たな真に超感覚的な世界を創造し、その活動領域である感覚的世界において超感覚的世界を作り出すのに対して、ストア主義の法則は単に感覚的世界における秩序の法則にすぎない、という点である。私はまずこの主張をより深く根拠付け、そしてこの根拠付けによって説明し、かつより詳細に規定しなければならない。

諸対象の中におけるある特定の現存に対するわれわれの愛と熱情によってのみ措定された感覚的世界全体は、この立場においては単なる手段にすぎない。しかしもちろん、無に対する手段ではなく――仮にそうだとすれば、感覚的世界のほかには何も現存しないことになるため、それは手段とはならず、唯一絶対の現存として永遠に目的となるであろう――明らかに実際の真なる実在的存在に対する手段である。これはどのような存在であるか。われわれはそれを前述のことから知っている。それは、自らによってまた自らの内に端的にあるがままの、神自身の内的存在なのである。それは直接的で純粋かつ真正であり、自我の自立性の中にあり、またそれゆえなんら制限的な形式によっても規定されることなく、したがってそうした規定によって覆われたり曇らされたりすることもない。ただ無限性という滅することのできない形式においてのみ屈折させられている。前回の講義において大変鋭く述べられたように、この存在は一方では絶対的にそれ自身において基礎付けられている神的本質によって、他方では実際の現存においては解消することのできない、もしくは完結することのできない無限性の形式によってのみ規定されているので、次のことは明らかである。すなわち、この存在がいかなるものになるかについては、間接的に他のものからア・プリオリに洞察されることは不可能であり、それはただ直接的に理解され、また体験され、存在から現存への生きた発出の現場においてのみ把握されうる。したがってこの新たな超感覚的世界の本来的な認識は、自身そうした世界に生きていない人々に、描写や特徴付けによってもたらされうるものではない。神の霊感を受けた人が、その世界がいかなるものであるかをわれわれに告げるであろう。そしてその世界は、彼の告げるがままの世界なのである。なぜなら、まさに彼すなわち神の霊感を受けた人がそれを告げるからである。ただし、何人も内的な啓示なしにそれについて語ることはできないのである。

　しかしながら一般的に、この神的世界は外的でただ消極的な特徴によって特徴付けられることができる。それは以下の仕方においてである。すべての存在は自らの熱情および愛をともなっている。したがって、無限性の形式において顕現する直接的で神的な存在もまた同様である。さて、この存在があるがままに存在しているのは、何か他のものによってではなく、また何か他のもののためにでもない。それ自身によって、またそれ自身のためにである。それが生じ、愛されるとき、それはかならず純粋にそれ自身のために愛され、それ自身によって喜ばれるのであり、けっして他のもののためにではない。単に他のものの手段として、他のものを目的として喜ばれるのではない。こうしてわれわれは、探していた神的世界の外的基準――これにより神的世界が完全に感覚的世界から区別される――を見つけたのである。端的にそれ自身により、しかも最高度の喜び――喜びの他のすべての程度を無限に凌駕する最高度の喜び――において喜ばれるものは、現実における直接的な神的本質の現れである。人はそれを、特定の各瞬間における、また時間という所与の条件の下における、最も完全なもの、と言うこともできる。ただしこの際に考えられているのは、論理的な概念により措定された完全性――それは多様なるものの秩序と完備しか意味しない――ではなく、ある特定の存在に向かう直接的な熱情によって措定された完全性である。

より高い道徳性によって感覚的世界の中で創造されるべき世界の可能な特徴付けは、以上の通りである。尊敬する諸君。もし諸君がこの点に関して私から一層の明瞭性を要求するというのならば、それはけっしてより明瞭な特徴付けを要求することではなく――いましがた述べられた特徴付けには、何も付け加えることはできないのである――ただ例を要求するということになるだろう。通常の目には隠されているこの領域に身を置いている者として、私は喜んでこの要求をも満足させようと思う。ただ諸君にしっかりと注意しておかなければならないのは、私が引用するのはただ二、三の例にすぎず、これらは、特徴付けによってのみ論じ尽くされるべきものや、実際われわれによって論じ尽くされたものを、けっして自ら論じ尽くすことはできず、ただ特徴付けを介してのみ正しく理解されるものである、ということである。

私は言う。神の内的で絶対的な本質は美として顕現する。それは人間の自然全体に対する完成された支配として顕現する。それは完全な国家および国際関係として顕現する。それは学問として顕現する。それは厳密で本来的な意味において私が理念と呼ぶものの中に顕現するのであり、手短に言えば、それは、とりわけ昨冬ここで行った講義において、過日出版された他の講義においてと同様に、様々な指示を与えたのであった。私はここにおいては理念の最低の形式——一番最初にこれについて理解していただけると期待できるだろう——において、すなわち美において、私の根本思想を説明しようと思う。言うまでもなく、人は環境世界の美化や自然美などについて語る。もし彼らの言葉を故意に厳密に取るならば、あたかも美しいものが過ぎ去るものや現世的なものにおいて存在し、これらに移し換えられうるものであるかのように。しかしながら、美の源泉は神においてのみ存在し、それは神の霊感を受けた人の心において出現するのである。たとえば一人の聖女を考えていただきたい。雲の中に揚げられ、天使の群れに出迎えられ——その天使の群れは彼女を見て恍惚としている――天上のすべての輝きに包まれている――しかも彼女こそその天の最高の誉れであり歓喜なのだ――そのような一人の聖女。しかもすべてのもののうち、彼女だけが自分の周りで起こっていることに気付くことができず、「私は主の婢《はしため》です。御旨のままにいつもこの身に成りますように」〔『ルカによる福音書』一・三八〕という唯一の感情の中に完全に没頭し、それに溶け込んでいる。この唯一の感情をこうした背景において、一人の人間の形に作っていただきたい。そうすれば諸君は明らかに、ある特定の形態における美をもつことになるだろう。さて、この形態を美しくするものは何なのか。それは彼女の手足や体の部分であるか。むしろそれは、ただこれら手足を通じて吐露される唯一の感情ではあるまいか。形態は単にそれにおいてのみ、またそれを媒介としてのみ思考が可視的になる、という理由で付け加えられたにすぎない。形態はただ、このように他者に対して伝達可能になるという理由のために、線や色彩でもって表面に塗られたのである。たぶんこの考えは固く無感情な石において、あるいは他のいかなる素材においても表現されることができたかもしれない。だが、いったいそのことによって石が美しくなったであろうか。石は永遠に石であって、美という述語をけっして受け止めることはできない。しかし芸術家が自分の作品を孕んだとき、その心が美しかったのである。そして作品をその作者に従って受け止める、理解力のある鑑賞者の心も美しくなるだろう。しかし石は、そうした内的な精神的発展のあいだも、相変わらず外的な目を限定するものにすぎないのである。

この理念的存在一般およびその創造的熱情は、単なる自然現象として芸術や政治、学問などの才能として出現する。次のことは自明であり、こうした類の事物にわずかでも経験のある人には、その自らの経験によって十分に知られることである。すなわち才能〔をもつ人〕のそうした創造に対する自然な熱情は、才能〔をもつ人〕の生の根本的な熱情であり、この中に彼の残りの生全体は没してしまうのである。私は言う。本当の才能〔をもつ人〕は、何かある定言命法によって自分を、自分の芸術あるいは学問における熱心さにまで刺激もしくは鼓舞する必要がなく、彼のすべての力はまったく自ずからこうした彼の対象に向かうのである。さらに言えば、彼が確実に才能を有するとすれば、彼の仕事は常に順調に進み、その成果は彼を喜ばせる。こうして彼はいつも、内的にも外的にも、愛しいものや気に入ったものに囲まれている。最後に、彼はこの活動でもって、それ以外の何ものをも求めているのではなく、またそれに対して何ものをも欲していない。なぜならそれと正反対に、この世におけるいかなる代償をもってしても、彼は自分が唯一したいことを止めることはなく、もしくは彼の目に正しいと映り、また彼の気に入るような仕方以外ですることも断じてない。したがって彼は、真であり自分を満たす生の享受をそうした行いにおいてのみ、純粋かつ端的に行いとして、またその行いのために見出すのである。これ以外に彼が世界から受け取るものが何かあっても、それは彼を満たすことはなく、彼がそれを受け取るのはただ、それによって新たにされ、また力づけられて、再び自分の真なる領域へ戻るためなのである。このようにして単なる自然な才能は、すでにその所有者を感覚的なものへの恥ずべき欲求やストア主義者の享受のない無感動からはるかに高め、至福な瞬間のたえざる連続の中へ移すのである。そのために彼はただ自分だけを必要とし、しかもそれは一切の煩わしい努力や苦労なしに、まったく自ずから彼の生より咲き出すのである。芸術または学問の中で幸福に過ごされたわずか一時間の与える享受は、感覚的享受によって満たされた生涯全体にはるかに優る。もし感覚的人間にこうした浄福の像をもたらすことができるとすれば、彼は嫉妬と渇望に身を焦がすであろう。

以上なされた考察においては常に自然な才能が、精神的な生享受の本来的な源泉および根底として、また感覚的な生享受に対する軽蔑の根拠として前提されている。より高い道徳性およびそれから生じる浄福のこうした一つの例において、私は諸君を一般的なものへ導き上げようと欲したのであった。その対象がそれ自体において真に超感覚的であり、特に美の例で示されたように神性の純粋な表現であるにもかかわらず、この才能はこうした精神的対象が感覚的世界においてなんらかの覆いとそれを担う形態をもつことを欲し、また欲せざるをえない。したがって才能はある意味において、その世界および環境の特定の形態をも欲する。これはわれわれが前回の講義において、感覚性に対して無条件に有罪と判決を下し、非難してきたところである。もし才能の自己享受が、それを得ようと努力してきた外的対象の偶然な実現あるいは非実現に依存するならば、才能自身の平静と平和は失われてしまうだろう。そしてより高い道徳性は、低い感覚性のあらゆる惨めさに委ねられてしまうであろう。特に才能に関して言うならば、才能が確かに才能である限り、相応な媒介体におけるその理念の表現および描写にはいつもかならず成功するだろう。したがって、欲せられた形態と環境が欠けるということはない。次にしかし、享受本来の居場所は直接的には活動性であり、それをもって享受は形態を生み出すのである。形態は、その中においてのみ活動性が現象するという理由で、間接的に喜びを与えるにすぎない。こうした事情は、真の才能が自ら成し遂げたものに長くとどまることなく、またそれらおよび自分の快楽的な享受の中に安らぐこともなく、新しい発展へと止まることなく進むことからも推察できるのである。しかし一般的に、特殊な才能は除くとして、神的存在が純粋に顕現するすべての可能性を考慮して、私は次のことを根本命題として主張する。すなわち行いにおける喜びが、未だこの行いの外的成果への欲望と混合しているあいだは、より高い道徳的人間といえども自分自身の中において完全には純粋かつ明瞭ではない。そして次に、行いの外的な失敗は、神的摂理においては、人間を自分自身の中へ駆り立て、そして本来的な宗教性というより高い立場へ——つまり自分が愛し、それを得ようと努力しているものは本来何なのか、を理解する立場へ——高めるための手段なのである。このことを全体的に、またその連関に従って、以下のように理解していただきたい。

（一）　前回の講義において十分明瞭に演繹され、叙述された唯一の自由な自我は、反省としては永遠に一でもあり、客体としては、すなわち単に現象において現れる反省的実体としては分裂している。一見したところは無限に、しかしこの講義には深遠すぎるある根拠からは、自我もしくは諸個人による一つの完結的体系に、分裂している（この分裂は、幾度にもわたり十分に叙述された、無限性の形式における対象的世界の分裂の一部である。したがってそれは絶対的で、神性自身によっても取り除かれえない現存の根本形式に属するものである。存在は、この根本形式において根源的に分化したように、永遠に分化したままにとどまる。したがってこの分裂により措定された個人、すなわち現実的となった個人が消滅することはありえないのである。以上のことはついでながら、今日の時代のある人々に対して、すなわち半端な哲学とまったくの混乱のために、より高次な領域における現実的な個人の存続を否定すれば啓蒙的である、と考える人々に対して述べたまでである)。神的な存在全体は、根本形式において根拠付けられているこうした個人の中へ、時間の中におけるこれら個人自身からの無限の発展のために、分裂している。また、こうした配分の絶対的な規則――神的本質そのものにおいて基礎付けられている規則――により、こうした個人に言わば分与されているのである。さらにこれらおのおのの個人、すなわち一者の分裂として、自分自身の形式によって規定された自我は、必然的にこうした形式を全面的に担っている。つまり前回の講義によれば、五つの立場に関して自由で自立的である。したがって各個人は、神性によっても取り除かれえない自由な力において、五つの立場からの見解および享受の可能性、絶対的な存在に対する分与――この分与により実在的な個人として特徴付けられる――の可能性を有するのである。このようにして各個人はまず第一に、感覚的生と愛への分与をもつ。その生は、実際に使われる自由がその中に没頭する限り、個人にとって絶対的で最終的な目的として現れるだろう。しかし個人が、おそらくは合法性の領域を通ってより高い道徳性へと自らを高めるならば、個人にとって感覚的生は単なる手段となり、その愛はより高く超感覚的で直接に神的な生への分与を悟るであろう。何人も例外なく、ただ現実に歩み入るということによって、必然的にこうした超感覚的存在への分与を受け取るのである。なぜならもしそうでないならば、人は絶対的存在の規則的分裂の結果ではないことになり、そして絶対的存在のないところに現実性はない以上、その人は現実とならなかったであろうから。ただし同様に何人においても例外なく、人が自分の感覚的存在と対象的自立性を放棄することを好まないゆえに、その人の超感覚的存在が隠されたままにとどまる、ということはありうるのである。私は言う。何人も例外なく、ただその人にのみ本来的な、端的にその人以外のいかなる個人にも属さない超感覚的存在への分与を受け取るのである。この分与はたえざる行為として現れながら、その人の中で永遠に発展する。端的にその人以外の個人の中ではけっして発展できないかのように発展する。これを人は手短には、より高次な使命の個人的特徴と名づけることができるであろう。しかし、神的本質そのものが分裂するのではない。それはすべての人において例外なく措定されているのであり、ただ人が自分を自由にするならば、一にして不変な神的本質はそれ自身においてあるがままに、実際に現れることができるのである。ただこの本質は各人において現れ方が異なり、その人にのみ本来的な形態において現れるのである（上述の存在＝A、形式＝Bとせよ。するとBに絶対的に入るAは、入ることにおいて絶対的に、諸個人の体系［b＋b＋b∞］に分裂する。ただしこの分裂はAの本質によるものではなく、絶対的な反省形態によるものである。そして各bはそれ自身の内に、①全体的かつ不可分なA、②全体的かつ不可分なB、③各b自身のb——その他すべてのAの形態化を［b＋b＋b∞］で割った余りに等しい——を含む）。

（二）　何人も超感覚的存在へのこうした本来的な分与を案出し、もしくは他の事実から推論により導き出すことはできない。また他の個人から告げてもらうこともできない。というのは、この分与は他の個人に知られることは一切ありえず、人はそれを直接自分自身の中において見出さなければならないからである。同時に人は、ただ一切の自分の意志と一切の自分の目的を放棄し、純粋に自分を無にするならば、ただちにかならずや、まったく労を要せずにこれを見出すであろう。したがってまず第一に次のことは明らかである。すなわち、この各人自身の中にのみ現れうるものについて、一般的に語られることは不可能であり、したがって私はこれについては必然的に中断しなければならないのである。たとえそれを語りえたとしても、ここにおいて何の役に立つであろうか。自分に本来的なより高い使命が実際自分に明らかになった人は、どのようにそれが自分に現れるのか、知ることになる。そして他者においても彼らのより高い使命が明らかになった場合、一般に彼らがどのようになるかを、類推によって推理することができるであろう。より高い使命を自ら悟らない人に対しては、それをその人に告げてやるすべはない。盲人に色を説いても何の甲斐もなかろう。

より高い使命が人に明らかになるや、それは筆舌に尽くしがたい愛と最も純粋な喜びをもって人を捉える。より高い使命、すなわちその人本来の使命は人を虜《とりこ》にし、そのすべての生を占有する。このようにより高次な道徳の最初の行為は——もし人が自分の意志を放棄しさえすれば、この行為はかならず起こるだろう——人が自分本来の使命を把握し、その人、ただ彼だけがありえるもの、つまり自分のより高次な本性、すなわち自分の中の神的なものに従ってその人だけがあらねばならないもの、これ以外の何かであろうとけっして欲しないことである。手短に言えば、根底において本当に欲していること以外のことをけっして欲さない、ということである。いったい、このような人が何かを嫌々ながらするということがありうるであろうか。なぜならその人は、最高の喜びをもってすること以外には、けっして何もしないからである。私が先に自然な才能について述べたことは、完成された自由によって生起した徳について、はるかによく妥当するのである。なぜなら、この徳は最高の天賦の才であり、直接的に創造的精神——神的本質がわれわれの個性の中において受け取る形態——の支配であるから。これに反して、人が自分の使命以外のものになろうとする努力は、たとえそれがどんなに崇高で偉大に見えようとも、最高の不道徳であり、その際自分に加える一切の強制および耐え忍ぶ一切の不快は、われわれを戒める神的秩序に対する謀反であり、神の意志に対するわれわれの意志の反抗である。いったい、われわれの本性によりわれわれに課せられているのではない目的を措定したものは、自分の意志、自分の選択、己れを誇る自分の知恵でなくて何であろうか。つまりわれわれは、自分自身の意志をまるで放棄しなかったのである。同時に、そうした努力は必然的に最高の不幸の源泉である。こうした状態においては、われわれは自分を常に強制し、強要し、駆り立て、また自分自身を否認しなければならない。なぜならわれわれは、根底において欲することのできないものを、喜んですることはけっしてないからである。また、その実行も成功しないであろう。なぜならわれわれは、自分の本性が拒むものをけっして成し遂げることはできないからである。これは、たとえばキリスト教が戒めるような、己れの選択から生じる、業にもとづく自己聖化である。たとえ山を動かし、あるいは火中に赴いても、それが愛でなければ、すなわち本来の精神的存在——精神的存在は必然的にその熱情をともなうものである——でなければ、それは何の益にもならないであろう〔『コリントの信徒への手紙一』一三・二—三参照〕。君があらねばならぬものの、君がありえるもの、そしてまさしくそれゆえに君があらんと欲するもの、こうしたものにならんと欲せよ。もちろんこれは、超感覚的なものについてのみ言っているのである。なぜなら感覚的なものにおいては、総じていかなる幸福も存在しないからである。これがより高次な道徳ならびに浄福なる生の根本法則である。

（三）　こうした人間のより高次な使命は――前述のように、人間はそれを全面的で分けられない愛をもって抱く――もちろん第一には人間自身の行為に関するものであるが、しかし第二にはこの行為を通した、感覚的世界におけるある結果に関するものでもある。人間が自らの現存の本来的な根底および統一した基点を未だ知らないうちは、前述の二つの部分、すなわち自らの本来的に内的な存在とその外的な結果は混同されるだろう。彼があることにおいて成功せず、追求した外的成果が得られないのは、けっして彼のせいではなく――なぜなら彼は自分がなしうることだけを欲するので――彼の作用を受け取ることのできない外的環境のせいであろう。こうした失敗により、いまだ混同した対象をもつ彼の愛は満たされず、したがってまた彼の浄福は曇らされ、妨げられるだろう。この失敗は彼を彼自身の内により深く駆り立て、彼が追求しているものはいったい何なのか、それに対して実際かつ本当には追求せず、彼にとってどうでもよいものは何なのかを、明らかにするだろう。彼はこの自己吟味において、われわれが右で明瞭に述べたことを、たとえ同じ言葉ではないにせよ、見出すであろう。つまり、彼が第一かつ本来的に追求しているものは、彼すなわちこの特定の個人の内における、神的な存在および生の発展である、ということを見出すだろう。これにより彼の全存在と本来的な愛が彼には完全に明らかになり、彼はより高い道徳性という、われわれが今まで彼を引き留めておいた第三の立場から、宗教性という第四の立場に自らを高めるだろう。この神的な生は、ただ彼において、彼の個人性において発展することができ、また発展すべきであるかのように、妨げや障害もなくたえず発展する。これこそ彼の本来欲していることである。したがって彼の意志は常に実現し、彼の意志に反した何かが起こるということは端的に不可能である。もちろん彼自身のこの内的生はたえず周囲に流れ出て、それを自分に従って形態化しようと欲求する。そしてこの外への努力においてのみ、自らを真なる内的生として――けっして単なる死んだ信心ではなく――示すのである。しかしながらこの外への努力の成果は、彼の孤立した個人的生だけに依存するのではなく、彼以外の他の個人の一般的自由に依存する。この自由は、神といえどもこれを破棄しようと欲することはありえない。したがってまた神に帰依し、神をよく理解する人も、これが破棄されることを欲することはありえない。それゆえ言うまでもなく彼は外的成果を望み、たえず全力で――彼はこれをやめることはできない。これが彼の最も固有な内的生であるから――結果の促進に努める。しかし、彼は無条件かつ端的に成果を欲するのではないので、したがって成果がならぬ場合でも、一瞬たりとも彼の平和と浄福は妨げられることがない。彼の愛と浄福は、彼自身の生に還帰し、そこで常にかならずや満足を見出すのである。一般論は以上にとどめる。今触れた事柄はさらなる論述を必要とするが、それは今後の講義に残しておいて、今日は全体を一般的な仕方で明瞭にする結論を述べようと思う。それは以下の通りである。

(四) こうした道徳的・宗教的な人間が欲し、たえず行うすべてのことは、彼にとってけっしてそれ自体価値をもつものではない。それはそれ自体において価値を有するものではなく、またそれ自体において最も完全なものでもなく、ただこの瞬間において最も完全なものであるにすぎず、来るべき時間においてより完全なものによって押し退けられるものなのであり、神が彼という特定の個人の中において取る、神の直接的な現れであるがゆえに価値を有するのである。ところで神は根源的に、彼以外の他の各個人の中にも、同様に本来的な形態において内在している。ただし神は大多数の人においては、彼ら自身の意志のために、また最高の自由の欠如のために、隠されたままであり、したがって彼ら自身にも、また彼らの行為においても他の人にも、実際には顕現しないのである。こうした状態において、道徳的で宗教的な人は、もちろん彼自身においては真なる存在への自らの分与に戻っている。しかし他の個人においては、彼に属する存在の構成要素から断ち切られ、分け隔てられており、したがって彼の中には、彼に属する残りの諸要素と結合し、合流しようとする哀愁に満ちた努力と渇望が存在するのである。ただし、この渇望が彼の浄福を妨げるというのではない。なぜならこれは、彼の有限性と神への服従から生じる永続的運命なのであり、こうしたものをも愛をもって包み込むことが、彼の浄福の一部をなすからである。

さて、隠れた内的存在が他の個人の行為によって顕現した場合、それは何によって、ここで前提された宗教的人間に対して価値をもつのであろうか。彼自身の本質がそれ自身によって彼に対して価値を有するのではないように、明らかにそれはそれ自身によってではなく、それがこれら個人における神の現れであるからである。さらに彼は、何によってこの現れがこれら個人自身に対して価値をもつことを欲するであろうか。明らかにただ、それが彼らによって彼らの中における神の現れとして承認される、ということによってである。最後に彼は、何によって彼自身の行為と行動が諸個人に対して価値をもつことを欲するであろうか。明らかにただ、彼らがそれを彼の中における神の現れとして認めることによってである。

こうしていまやわれわれは、道徳的・宗教的な意志の一般的な外的特徴を、それがその人の内的で永遠に自らの内に隠れた生から外に出る限りにおいて、知ることができた。まず第一に、この意志の対象は永遠に、理性的諸個人の構成する精神世界だけである。なぜなら諸対象からなる感覚的世界は、彼にとってはとうに単なる活動領域へと成り下がっているからである。しかし、この精神世界に対する彼の積極的な意志は以下の通りである。すなわち各個人の行為において、神的本質がこの個人の中で取った形態が純粋に現れること、そして各個人が他のすべての個人の行為において神を――神が彼以外において現れる様子を――認識し、同様に他のすべての個人がその個人の行為において神を――神が彼ら以外において現れる様子を――認識することである。したがってまた、常にかつ永遠にすべての現象において、神が全面的に顕現し、まさに神のみが生き、支配すること、そして神が遍在し、いたるところにおいて永遠に神だけが有限者の目に映ることなのである。

　つまり道徳的・宗教的意志が求めるのは、キリスト教が祈りとして表現しているような「御国の来たらんことを」（『マタイによる福音書』六・一〇、『ルカによる福音書』一一・二）ということなのである。それは次のような世界状態である。すなわち主の御意志が、天において、理念において、自由とは無関係な世界それ自体において、永遠に実現され、それ以外の何ものも起こりえないのと同じように、主の御意志が、御意志によってさえも取り除かれえない自由を仲介として地上において現実に実現されることによって、主のみが存在し、生き、治める、という状態なのである。

例を挙げてみよう。人々は、かくも世界に不幸が多いのを嘆いて、それ自体は称賛に値する熱心さをもって、それをいくらかでも減らそうと努力し始める。ああ、残念ながら差し当たって目につく不幸は、真の不幸ではない。事態が今のままであれば、不幸は世界の中における最良のものとも言えるのである。また、あらゆる不幸にもかかわらず世界がより良くならないのを見ると、世界において不幸はまだ十分ではないのだと考えたくなるくらいである。神の似姿である人間性が汚され、卑しめられ、踏みにじられていることこそ世界における真の不幸なのであって、これが宗教的な人を神聖な憤慨でもって満たすのである。ことによると君は、あるいは力の及ぶ限り、君自身の最愛の享受を犠牲にすることによって、人間の不幸を軽減するかもしれない。しかしながら君がそうするのは、ただ自然が敏感で他の人々に共鳴する神経系統を君に与えたために、目に映るすべての痛みが君の神経をより痛く刺激するためであるならば、人は君の敏感な組織に感謝するかもしれないが、精神世界においては君の行いは言及するに値しないのである。君が以下のような態度で同じ行いをしたのであったなら、その行いは道徳的・宗教的な意味でなされたと言いうる。つまりまず、永遠の子が――彼の中にも確かに神的なものが宿っているのである――無用の苦しみを受け、社会から見捨てられねばならない、ということに対する神聖な憤慨をもって。また、彼にもいつか、喜びと感謝の内に天を仰ぎ見る、喜ばしい時が訪れるであろうという希望をもって。さらには、君の手の中で彼に神の救いの手が現れ、神の御腕は万人を救うに足り、神はいたるところに道具と僕を有することを彼が悟り、こうして信仰、愛、希望が彼に明らかになる、という目的をもって。それゆえ、君の救おうとする本来的な対象が、彼の外的なもの——それは永久に価値のないものである——ではなく、彼の内的なものであるならば、その同じ行いは道徳的・宗教的な意味でもってなされたと言われうるのである。

第十講

尊敬する諸君。

われわれは、ここにおいて諸君の前でなされた論述全体を、今回完結しようと考えている。よってそれをもう一度概括していただきたい。

生それ自体は一つであり、いかなる変転もなく自分自身に等しくとどまる。またそれは、その内にある生の愛の完全な充満さであるゆえに、完全な浄福である。この真なる生は結局のところ、生のなんらかの形態または段階が見出されるところでは、いたるところに存在する。ただそれは、死および非存在の要素との混合によって隠蔽されうるのであって、こうした場合には苦悩や苦痛、不完全な生の滅却を通して、その発展へと押し進むのである。われわれは真なる生の、不完全な生および仮象の生からの――これらによってそれは始めに隠蔽されうるのであるが――発展に注目してきた。今回われわれは、この生をその中心点へ導き、それにそのすべての栄光を帰せようと考える。われわれは前回の講義において最高の現実的生を、すなわち——現実性はまったく反省形式の中に残り、また反省の絶対に根絶されえない形式は無限性であるために——無限の時間において流れ、人間の人格的現存を自らの道具として用い、それにより行為として現象する生を、より高い道徳性という名称でもって特徴付けた。もちろん、われわれは次のことを承認しなければならなかった。すなわち、反省法則によって不変的に措定された、唯一なる神的本質の複数の個人への分裂のために、おのおの別個な個人の行為は、自分だけに依存しているのではない結果を、自分以外において、すなわち他者の自由の世界において獲得しようと努めざるをえない。しかし、たとえこの成果が現れなくても、もしこの個人が、本来自分が無条件的に得ようとしているものは何なのかを真に理解し、ただ条件的にのみ得ようとしているものからこれを区別できるようになれば、すなわち本来的な宗教性へ自己を高めるならば、この個人の浄福は妨げられないであろう。特にこの最後の点は、今日まで諸君にご猶予をお願いし、この講義においてより深い究明をするであろうと約束した点である。

私はこの究明を、われわれの対象全体をその最深の立場から把握することにより、準備しようと思う。

存在は現存している。そして、存在の現存は必然的に意識もしくは反省――反省そのものに備わり、かつ反省から展開されるべき、特定の法則による――である。これが、いまやすべての面から十分に論じられた、われわれの教説全体の根底である。現存の中において現にあるもの、それが現存の中にあることによってのみ現存があるもの、それ自身においてあるがままに現存の中に永遠にあるもの、それが現存の中になければ現存は消滅してしまうであろうもの、それはただ存在のみである。何人もこれを疑わず、これを理解する人で、これを疑う人はありえない。しかしながら、存在は端的かつ直接的に、現存として現存において、もしくは反省において、まったく把握しきれない――せいぜい純粋な生および行為として叙述されるべき――その形式を、一つの本質に、つまり固定した規定性に変えるのである。まさに、われわれが存在についてそれ以外の仕方では語らなかったように、また、われわれが存在の内的本質について語ったのとは違う仕方で、何人もそれについて語ることはないように。さて、われわれの存在はそれ自体においては永遠に存在の存在であり、またそうあり続け、けっして何か他のものになることはできないが、しかしわれわれ自身が、またわれわれ自身に対してあり、もち、所有するものは――われわれの自己や自我、および反省の形式において、つまり意識において――けっして存在自体ではなく、われわれの形式における本質としての存在である。いったいどのようにして、形式の中に端的に純粋には入らない存在が、それにもかかわらず形式とつながるのか。この形式が第二のまったく新しい存在を——こうした新たな第二の存在はまったく不可能である——取り返しのつかないくらい自らより排除し、打ち立てるようなことはないのか。答え。一切の「どのように（Wie）」の代わりに、単なる「である（Daß）」を置くがよい。形式は端的につながるのである。すなわち、そうした絆《きずな》が端的に存在するのである。それはすべての反省よりもより高く、いかなる反省からもわき出さず、いかなる反省にも裁判権を認めない。それは反省とともに、反省と並んで発するものである。このように反省にともなうという点で、この絆は感情である。そしてそれは、絆であるがゆえに愛であり、また純粋な存在と反省の絆であるがゆえに神の愛である。この愛において存在と現存とは、すなわち神と人間とは一つであり、完全に融合し、混ざり合っている（それは、前述のAとBとの交差点である）。現存の中における、存在による存在自身の支持および保持は、存在の存在自身への愛である。ただしわれわれは、この愛を感情と考える必要はない。なぜなら、われわれは総じてそれを考える必要がないからである。反省と並ぶ、存在による存在自身のこうした保持の生起、すなわち存在による存在自身のこうした保持の感情は、存在に対するわれわれの愛である。あるいは真理に従って言えば、感情の形式における存在の存在自身への愛である。なぜならば、われわれが存在を愛することはできないのであり、ただ存在自らがわれわれの中において存在自身を愛することができるからである。

さて、存在の愛でもなくまたわれわれの愛でもなく、この両者を初めて二つに分けながら、また一つに結びつけるこの交互の愛は、まず第一に、「純粋な存在」もしくは「神」という何度も言及されたわれわれの空虚な概念の創造者である。いったい、すべての認識可能な特定の現存を超えて、また絶対的反省の世界全体を超えてわれわれを導くものは何であるか。それは、いかなる現存をもってしても満たされえないわれわれの愛である。概念はその際、まさにそれがなしうることしかしない。すなわちこの愛を解釈し、形態化する。つまり、この愛の対象――それは概念によってのみ対象となるのだが――から、この愛を満足させえない一切のものを除き去り、一切の理解の可能性の純粋な否定と、永遠に愛の対象であるという性質だけをそれに残すのである。いったい、われわれに神を確信させるものは、端的に自らにおいて安らぎ、ただ反省において可能な一切の懐疑を超越した愛でなくてなんであろう。またこの愛に、自らにおいて安らぐようにさせるものは、愛が直接的に絶対者自身の自己支持および自己集中であるという事実でなくてなんであろう。反省ではないのだ。尊敬する諸君。反省はその本質上、それ自身において自らを分裂させ、そうして自らを二つに裂くのである。否。愛こそが、すべての確実性、すべての真理、そしてすべての実在性の源泉なのである。

神の概念が愛一般を解釈する——それは、まさしくそのことによって空虚な概念となるのであるが——と私は言った。これに反し、生きた生においては——このことに注意していただきたい——愛は解釈されるのではない。愛は、まさしく愛において直接的に——けっして概念においてではない。概念は愛に追いつくことはできない——愛されたものであり、それを所有し、保持するのである。しかも愛されたものがそれ自身においてあるがままに。なぜなら愛は、絶対的存在の自己保持以外の何ものでもないからである。愛の内容と素材は、生の反省がまず最初に固定した対象的存在者となすものであり、反省は次にこのように生じた存在者をさらに無限性へと分裂させ、別様に形態化し、そうして自らの世界を創造するのである。私は問う。その世界に対して——そこにおいて実在の形式と形態とは明らかに反省の産物である——本来的な素材を与えるものは何か。明らかにそれは絶対的愛である。諸君の好む言い方をすれば、自らの現存に対する神の、もしくは純粋な神に対する現存の、絶対的愛である。反省には何が残るのか。素材を対象的に定立し、無限へと形態化することが残る。

しかし最後の点について、反省が停止するのを禁じ、それどころか反省を、それが到達したおのおのの反省の結果から次のものへ、そしてさらに次のものへと、とどまるところを知らずに駆り立てるものは何なのか。それは純粋で実在的な絶対者――反省からは必然的に逃げ去り、一切の反省の背後に隠れ、したがって必然的に無限にわたって、一切の反省の背後において探されねばならない――に対する根絶されることのない愛である。この愛が、反省を永遠に駆り立て、それを生きた永遠性へと拡張するのである。それゆえ愛は、一切の理性よりもより高次であり、理性の源泉、実在性の根源でさえあり、また生と時間の唯一の創造者である。尊敬する諸君。私はこれにより、存在論、生命論、および浄福論の、すなわち真なる思弁の最高かつ真実の観点を――そこを目指してわれわれは今まで登ってきたのである――遂に明確に述べたのである。

（最後に、愛は総じて真理および確実性の源泉であるように、同様にまた現実の人間とその生における完成された真理の源泉である。完成された真理とは学であり、学の領域は反省である。さて、学が自らを絶対者の愛であると明確に理解し、絶対者を――いまや必然的になさねばならぬように――端的にすべての反省を超え、いかなる可能な形式においても反省の達しえないものとして把握するとき、初めて学は純粋かつ客観的な真理に入るのである。

同様にまた学は、こうなることによってのみ、以前には繰り返し実在性と混同されていた反省を純粋に分離し、把握し、実在性における反省のすべての産物をもれなく提示し、こうして知識学を根拠付けることができるであろう。要するに、神的な愛となり、それゆえに神において自らを純粋に無化する反省が、学の立場なのである。私はちょうど良いこの機会に、ついでながら述べようとしたのである)。

以上のことを覚えやすい形式において諸君に与え、そしてすでによく知られた事柄に結びつけよう。われわれはヨハネの「初めに言があった云々」という言葉をすでに二度、われわれが直接的に用いている表現に言い換えた。すなわち最初は、「初めに、端的に存在とともに、現存があった」と言い換えた。そして次に、現存の多様な内的諸規定をより詳細に認識し、この多様なるものを形式という名の下に総括した後に、「初めに、端的に神もしくは存在とともに、形式があった」と言い換えた。しかしいまやわれわれは、以前には真の現存と考えられていた意識を、その多様な形式全体でもって、単に二次的な現存として、また現存の単なる現れとして認識し、本来的な形式における真の絶対的現存を愛として認識している以上、われわれは先程の言葉を次のように表現する。すなわち「初めに――一切の時間を超えて、また時間の絶対的な創造者として――愛がある。愛は神の内にある。愛は現存の内における神の自己保持であるゆえに。愛はそれ自身神である。愛の内に神はあり、そこに永遠に——神が神自身の内にあるがままに——とどまる。素材としての愛によって、また愛から、いきいきした反省を手段として、すべてのものは造られた。造られたもののうち一つとして、愛によらずして造られたものはない。愛は永遠に、われわれの内において、またわれわれの周りにおいて、肉となる。そしてわれわれのあいだに宿る。その栄光を——神性の永遠かつ必然的な流出の栄光として——常に目の前に見るかどうかは、ただわれわれ自身に懸かっているのである」と。

生きた生は愛であり、愛として愛されたものを——それに囲まれ、浸透されながら、またそれと融合し、混ざりながら——もち、所有する。すなわち永遠に一にして同一な愛である。対象を外的に自らの前に定立し、それを分裂させるものは、愛ではない。それをするのはただ反省のみである。したがって人間が愛である限り、人間はその生の根底においては常に愛であり、それ以外のものであることはできない。たとえ人間が自分自身への愛である場合はありうるとしても。人間は、特に神への愛である限り、ちょうど神自身と同様に、常にかつ永遠に一なるもの、真なるもの、不滅なるものであり、また常に神自身である。同じヨハネが「愛の内にとどまる者は、神の内にとどまり、そして神はこの者の内にとどまる」〔『ヨハネの手紙二』四・一六〕と言ったが、これは大胆な隠喩ではなく、文字通りの真理なのである。ただ人間の反省が、自分自身の存在を——けっして自分以外の存在ではない——自分からまず疎外し、そして自分自身が常に永遠に、また遍在的にそれであり、それであり続けるものを、無限性全体において把握しようと試みるのである。したがって永遠に変転するのは、人間の内的本質、すなわち自分自身の、自分に属し他者には属さない内的本質ではない。変転するのはただ、この本質の現象——この本質はその本質において、現象には永遠に手の届かないものである——にすぎない。人間の目が、人間から神を隠し、純粋な光を色のある光線に分裂させる、とわれわれはかつて述べた。いまやわれわれは言う。神が人間の目によって人間から隠されるのは、ただ単に人間が自分自身、自分に対して、自分の目によって隠されてしまうからであり、また人間の見る働きが、人間自身の固有な存在に達しえないからである。すでに述べたように、自分の見るものは、永遠に自分自身である。ただ人間は自分を、自分自身あるがままには見ないのである。なぜなら人間の存在は一であるが、人間の見る働きは無限だからである。

愛は必然的に反省において生起し、直接的に一つの生として——個人的な感覚的実存を自分の道具とする生として——現象する。すなわち個人の行為として。詳しくは、まったく愛に固有な、すべての感覚性を超えた領域、すなわちまったく新たな世界における行為として現象するのである。神的な愛のあるところには、かならずこの現象がある。なぜなら神的な愛は自らによって、介在する新たな原理なしに現象するからである。また逆に、この現象のないところには、神的な愛もない。愛の内にない人に「道徳的に行為せよ」と言ってもまったくの無駄である。なぜなら愛においてのみ道徳的世界が開かれるのであって、愛のないところには道徳的世界もないからである。同様に、愛する者に「行為せよ」と言うのは余計なことである。なぜならば、その人の愛は自らによってすでに生きているのであり、行為や道徳的行為は単にその生の静かな現象にすぎないからである。行為は、それ自体においてはまったく何ものでもなく、また固有な原理をもたない。それは静かに、そして安らかに愛より流れ出る。光が太陽から流れ出るように見えるのと同様に、また神の神自身への内的な愛から世界が実際に流れ出るのと同様に。行為することのない人は、また愛することもない。行為することなく愛している、と信じている人がいれば、その想像力は、単に外からその人にもたらされた愛の一つの像によって動かされているにすぎず、この像には内的でその内に安らぐ実在性はともなわない。同じヨハネが言っている。神を愛すると言いながら兄弟を憎む者は――ヨハネは、兄弟愛をはなはだ正しい意味において、より高い道徳性として提示した後で述べているのであるが——嘘つきである、と〔『ヨハネの手紙一』二・四、九参照〕。あるいはわれわれの時代により適合した、かといってけっしてより穏やかではない表現を借りるならば、そのような者は空想家であり、神への愛を自分の内に永続的にもっていないのである。永続的かつ実際には、神への愛がその人の真の生の根底なのではなく、その人はせいぜいそれを表象することができるにすぎないのである。

愛は永遠に全体であり、自らの内に完結している、とわれわれは言った。愛は自らの内に、愛として、永遠に実在性全体をもっている。分離し、分裂させるものは、単に反省だけなのである。したがってまた——これによってわれわれは、前回の講義において立ち止まった点に戻るが——唯一な神的生の諸個人への分裂も、けっして愛の中にあるのではなく、ただ反省の中にあるにすぎないのである。よって、自らに直接的に、行為しているものとして現象する個人、およびその人以外に現象するすべての個人は、単に一なる愛の現象にすぎないのであり、けっして事柄そのものではない。個人の固有な行為において愛は現象すべきである。もし現象しないとすれば、愛は現存しない、と言わなければならない。しかしながら他者の道徳的行為は、個人が直接に達しうる愛の現象ではない。そうした道徳的行為の欠如は、直接的に愛の不在を証明するものではない。したがってわれわれがすでに前回述べたように、他者の道徳性および宗教性は無条件的に求められるのではなく、他者の自由を許容した範囲内で求められるのである。そして、こうした一般の道徳性の不在は、まったく自らにおいて安らぐ愛の平和を妨げるものではないのである。

その他の精神世界全体の道徳性および宗教性は——もたらされるべき結果がその原因と関係するように——おのおの別個な個人による行為とまず関係する。道徳的で宗教的な人は、道徳性と宗教を一般に広めようと欲する。しかしながら、彼の宗教性とその他の人々の宗教性との分離は、単に反省における分離である。したがって成功もしくは失敗による彼の熱情は、反省の法則に従って結果しなければならない。しかしわれわれがすでに先に、他の機会において見てきたように、反省の本来的な熱情は賛成もしくは拒否であり、これらはもちろん冷淡であってはならず、総じて人間がより愛するようになればなるほど、ますます情熱的になるものである。言うまでもなく他者の道徳性への反省は、熱情をともなうものである。なぜならこの反省は、宗教的な人にとって最高の反省であり、また熱情をもって抱擁すべき、彼の外の世界全体の——この世界は彼にとって、純粋にただ精神世界である——本来的な根底だからである。

今述べたことは、他者に対する宗教的な人の心意、あるいは彼の人間愛と名づけられうるものを、前回の講義においてなしえたよりも、より深く特徴付けるための諸原理を、われわれにもたらす。

まず第一に、称賛される善良さ、すなわち常に善良であり、すべてを良しとするということほど、宗教的人間愛から隔たったものはない。こうした考え方は神の愛であるどころか、むしろ以前の講義において十分に叙述した、愛することも憎むこともできない精神の絶対的浅薄さおよび内的散逸である。宗教的人間は――他人の不足のない生活に対する配慮が、彼の特別な天職であれば別だが――人類の感覚的幸福など意に介さず、また神的秩序の道によらざれば、人類のためにいかなる幸福をも欲しないのである。環境によって彼らを幸福にしようと、彼が求めることはありえない。神がそれを求めることもありえないのと同様に。なぜなら神の意志と思し召しが――彼の同胞に関してもまた――常に彼の意志であり決断であるから。神以外においては何人も平和と安らぎを見出さず、また各人は自分自身を無にし神に立ち返るまで、たえず苦しみ悩まされるように、と神が欲するのと同様に、神に帰依する人もそれを欲するのである。彼らの存在を神の内に再び見出すとき、彼は彼らの存在を愛するだろう。神の外にある彼らの存在を、彼は衷心から憎む。つまり、本来の存在に至るのを妨げる彼らの存在を憎むことが、まさしく彼らの本来の存在に対する彼の愛なのである。イエスは言う。「あなたがたは、私が地上に平和をもたらすために来たと思い込んでいる——平和とは先程の、現存するものをすべて良しとすることを指す——否。あなたがたの今のようなありさまのゆえに、私はあなたがたに剣《つるぎ》をもたらす」〔『マタイによる福音書』一〇・三四〕と。宗教的な人はまた、同様によく知られしばしば推奨される努力、すなわちそうした安易な気分にとどまるために、時代環境に関して強いて自分を偽り、それに新解釈を施して良い方、美しい方へとこじつけるという、すでに言及した同様に浅薄な努力からも、遠く隔たっているのである。彼は時代環境を、それが真理においてあるがままに見ることを欲し、そしてそのように見るのである。なぜなら愛は目をも鋭くするからである。彼は厳格かつ鋭利に、しかし正しく判断し、支配的な考え方の原理に突き進むのである。

人間は何でありうるか、に目を向けながら、彼らの品位のない恥ずべき現存に対する神聖な憤怒が、彼の支配的な熱情である。彼らは皆最深の根底においては自らの神的なものを担っているが、ただそれが彼らにおいては現象にまで至っていない、という事実に彼は注目している。また彼は、彼らが人に非難されるすべてのことによって、彼ら自身最も大きな苦痛を受けており、ふつう人が彼らの悪意と名づけるものは、ただ彼ら自身の深刻な惨めさの発現にすぎない、と見ている。さらに、彼らはただ己れの手を、常に彼らを取り囲んでいる善なるものへと伸ばしさえすれば、今この瞬間において不足なく浄福になりうる、と彼は考える。それゆえに彼は心からの憂いと深い悲嘆の念に襲われるのである。彼が本来憎むものは、ただ倒錯した熱狂主義である。すなわち、自分自身が無価値であるというだけでは飽き足らず、手の届く限りすべてのものを自分と同じように無価値なものにしようと努め、自分以外のより良いものを見ると心から憤り、憎しみを抱くような熱狂主義である。先程最初に叙述したのが、ただ気の毒な罪人の仕業であるのに対し、今述べたものは悪魔の仕業である。なぜなら悪魔もまた善なるものを、端的にそれが善なるものであるから憎むのではなく――そうだとすれば悪魔などまったく考えられないだろう――ねたみから、つまり自分がそれを獲得できないという理由により憎むのである。われわれの先程の叙述に従えば、神の霊感を受けた人は、自分および自分のすべての同胞に、すべての面からすべての方向において、永遠にただ神だけが――神が神自身においてあるがままに――輝きわたることを欲する。これとは反対に自分自身に夢中な人は、自分および自分のすべての同胞に、すべての面からすべての方向において、永遠にただ自分自身の無価値な像が輝きわたることを欲するのである。彼はこうして己れの個人性から歩み出ることによって、利己主義の自然的かつ人間的な境界を越え、自分自身を一般的な理想や神とするのであるが、これはすべて悪魔もすることなのでである。

最後に、宗教的な人はまったく断固たる態度を保ち、不変的で、永遠に己れに等しいものであるが、彼の中の同胞に対する愛は、彼が彼らを高貴ならしめようとする努力をけっしていかなる条件の下でも放棄せず、そして——これから結果することであるが——けっしていかなる条件の下でも彼らについての希望を捨てない、ということに現れる。彼の行為はまさに、彼の愛の必然的な現象である。しかし、さらに彼の行為は必然的に外に向かい、彼に対して外なるものを措定し、そしてこの外なるものにおいて何かが実現されるべきである、という考えを措定する。彼の中において愛が消滅しない限り、この行為も、また行為において必然的なこの考えも、なくなることはありえない。たとえ彼が、予期した結果を得られずに外から拒否されるとしても、その度ごとに彼は自分自身の中に立ち戻り、彼の中で永遠に湧き続ける愛の泉から〔『ヨハネによる福音書』四・一四〕、新たな歓喜と愛、そして新たな手段を汲むであろう。そしてこの愛によって新たな試みへと、たとえまたこの試みが失敗したとしても、さらに新たな試みへと駆り立てられるであろう。どの場合でも前提されることは、今まで成功しなかったことが、今回は成功するだろう、もしくはこの次に、あるいはいつの日か、また、たとえ彼には遂に成し遂げられないとしても、彼に続く働き手において——彼の協力と準備によって――成功するだろう、ということである。このように愛は彼にとって、信仰と希望の永遠に尽きることのない泉となる。ただし信仰や希望といっても、神に対するそれではない。なぜなら彼は、常に自分の中に生きる神をもっているからであり、したがってまず最初に神を信じなければならないのではない。神は彼に神自身を永遠に、神自身であるがままに、まるごと与え続ける。それゆえ彼は神から何も希望する必要がないのである。つまりここで言っているのは、人間に対する信仰、人間に対する希望である。この揺るがない信仰と疲れを知らない希望こそ、彼が欲するやいなや、現実の観察において彼を満たす一切の憤怒と悲嘆から彼を超越せしめ、また彼が望むやいなや、最も確かな平和と最も不滅な平安を彼の胸に招き入れることができるものなのである。彼が現在を超えて未来を遠望するとき、この遠望により彼は無限性全体を目前にもつのであり、彼は幾千年でも好きなだけ――そのために彼は何も要しない――それにかけることができるのである。

最後に――しかし、いったい最後はどこにあるのだろう――すべては、永遠の平安と浄福という確かな港に到着しなければならない。最後にはとにかく神の国が、神の権力と力、そして神の栄光が、顕現しなければならないのである。

こうしてわれわれは「浄福なる生」を描写して――そうした描写が可能である範囲内にお

いて――その根本的特徴を一点にまとめた。浄福そのものは愛および愛の永遠なる満足において成立し、反省によっては到達しえないものである。概念はそれをただ消極的に表現しうるのみであり、概念によるわれわれの叙述もまた同様である。われわれはただ、浄福なる人が苦痛や苦労、困窮から自由である、ということを示すことしかできない。彼の浄福そのものは積極的に何において成立するのか、ということをわれわれは叙述することができない。それはただ直接に感じられるほかないのである。

われわれをあちらこちらへと引き回す懐疑、見通しの利かない暗闇を――その中においてわれわれの足は確かな道を見出すことができない――われわれの前に広げる迷い、これがわれわれを不幸にする。宗教的な人は懐疑および迷いの可能性から永遠に離脱している。あらゆる瞬間において彼は明確に、自分が何を欲し、何を欲すべきか、を知る。なぜなら彼においては、彼の生の最奥の根底すなわち彼の意志が、まぎれもなく永遠に神性から直接流れ続けているからである。また、その神性の与える指示は誤ることなく、彼はその指示が何であるかについて、誤らざる目をもつからである。あらゆる瞬間において彼は明確に知る。彼が何を欲し何を欲すべきかについて、彼は永遠にわたって知るであろうことを。また、彼の中に湧き出る神的愛の泉は、永遠にわたって涸れることなく、誤ることなく彼を支持し、永遠に彼を導くであろうことを。この泉が彼の存在の根底である。それはとにかく彼には明らかになったのであり、彼の目は心からの愛をもってそれに注がれている。いかにしてこの泉が涸れることがありえよう。いかにして彼の目がよそへそらされることがありえよう。彼の周りで起ることについて、彼はなんら奇異な思いを抱くことはない。彼がそれを理解しようとしなかろうと、彼にはどちらでもよいのである。ただ彼は次のことは確実に知っている。すなわち、それが神の世界において起ることであり、神の世界においては善なるものを目指さないものは一つとして起こりえない、ということを。

彼には未来に対する恐れはない。なぜなら絶対的に浄福なるものが、永遠に彼を未来へと導いて行くからである。過ぎ去ったことに対する後悔もない。なぜなら、彼が神の内になかった限りにおいて、彼は無であったからである。そしてそれは過ぎ去ったことである。彼が神に立ち返ったとき、初めて彼は生へと生まれたのである。しかし、彼が神の内にあった限り、彼のしたことは正しく、良いのである。彼は断念すべき何ものももたず、憧憬すべき何ものももたない。なぜなら彼は、彼が把握しうるものすべてを、その豊かさ全体において、常にかつ永遠に所有するからである。彼にとって苦労や努力は消え去ってしまった。彼の現象全体は、彼の内部から愉快にやすやすと流れ出て、何の苦労もなく自然に彼から生じるのである。それは、われわれの偉大な詩人の一人の言葉を借りて言えば、次のようなものである〔F・シラー「理想と人生」一八〇四年〕。

永遠に明るく、鏡のように澄んで、なだらかに、
そよ吹く風のような生が、
オリュンポスの聖なる者に流れる。
月日は移り、時代は過ぎ去っても、
彼らの神々しい青春の薔薇は、
永遠の滅亡の中で不変に花咲く。

尊敬する諸君。私がこの講義において、真なる生およびその浄福について、諸君に伝えんと欲したことは以上である。まことに真実なことに、人はこの主題について、まだ長々と語り続けることができるであろう。また、人はこうした道徳的・宗教的人間をその生の中心点において知った後に、下って日常生活や、さらに最も普通の用事や環境における彼の行動を観察し、そこにおいて彼がいかに真に魅力的な親切さと明朗さをもっているかを見るのは、

殊に興味深いことである。しかしながら、最初の中心点についての根本的な認識がなければ、こうした叙述は聴衆にとって、空虚な熱弁もしくはただ美的に快適な、しかし成立する真の根拠を自らの中にもたない幻影に、容易に散逸してしまう。これが、われわれがむしろこれ以上の叙述の継続を控える理由なのである。諸原理に関しては、われわれは十分に、それどころか十分すぎるくらい述べたのである。

この講義全体に、それにふさわしい締めくくりをつけるために、もう一度だけ諸君の御来聴を願いたい。

第十一講

尊敬する諸君。

われわれの研究の対象は、ここで論じ尽くされるべき限りにおいては、われわれの前回の講義によって完全に論じ尽くされた。そしてこれ以上は、ただ全体に一般的な応用を付け加えればよいのである。もちろん私は、この講義により諸君と私とのあいだに結ばれ、今日をもって終わる自由で率直な関係と、十分に基礎付けられた良い慣習が私に定める境界内にとどまるのであるが。

私の願いは、できるだけ深く諸君に私の意を伝え、諸君に浸透し、また私の考えでは、同時に諸君によって浸透されることであった。私はまた実際に、ここにおいて述べられるべき概念を、少なくとも以前には達せられなかった明瞭性において述べ、さらにこれらの概念をその自然な連関において提示することに成功したと信じる。しかし、概念の最も明瞭な叙述および聴衆による概念の非常に正しい把握にもかかわらず、与える者と受け取る者とのあいだには未だ大きな溝が残っており、また意志疎通においても、そこで可能な親密性がはなはだ欠けているということはありえる。そして人は、このわれわれの時代においては、こうした不足を本来的な規則——その反対はただ例外にすぎないようなもの——として当然予想しなければならないのである。

このように、提供された教説を受け取る際の親密性が不足しているという点に関しては、われわれの時代において二つの主要な理由がある。

まず第一に、人は——当然そうすべきであるように——提供された教説に心全体でもって向かおうとはせず、単に悟性あるいは想像力をもって向かうにすぎないからである。前者の場合、人は単に知識欲あるいは好奇心でもって、それがいかに行われ、いかなる様子であるかを見るために観察する。ただしその内容がどうであろうと無関心なのである。もしくは後者の場合、人は想像力の前を通り過ぎる比喩や現象、お気に入りの言葉、決まり文句などを面白がる。そしてやはり同様に内容には無関心である。人は——そうすべきであるように——それを真の愛において吟味し、それがいかに愛に認められうるかを見る代わりに、それをまさに自分自身の外に、自分自身から離して自分の前に置き、それを自分から引き離すのである。さらに人は、ややもすると与える人の側にも同じ気持ちを前提し、単に彼は思索しながらある仕方で――それは不愉快な仕方ではないだろう――時間を潰し、彼の慧眼と弁論術で人を感心させ、美辞麗句を並べることだけを目的としている、と思い込んでしまう。いったい彼自身は自分の言っていることを愛し、それによりいきいきと感動させられているのだろうか、と――たとえ心の中においてだけにせよ――問うならば、また、彼はできればわれわれをもそのように感動させようと願っている、と前提するならば、個人的権利の境界を越えて、彼に侮辱を与え、おそらく彼を妄想家にさえしてしまうのではないか、とわれわれは危惧する。ただし、こうした前提をすることができ、またすべきである場合にもこれをしないとすると、与える人の側にはいかなる損失も加えられることはない。なぜなら彼は、彼の真なる心意よりはるかに劣る他者の判断を、一笑に付すことができるであろうから。しかし受け取る人は損失をこうむるのである。なぜなら彼に与えられる教説は、彼の受け取り方の如何によって結果を異にするからであり、もし彼自身それを生と関係させないならば、それは彼にとって生とは無関係なものとなるからである。単なる悟性によるそうした冷淡で無関心な静観が学的思考法の特徴であり、学のすべての実際的発展は、内容に対するこの無関心から始まり――形式の正しさだけが関心事であるから――また完成されるまでこの無関心の中にとどまるのである。しかし完成されるやいなや、それは生へ逆流する。すべては終極においては生に関係するからである。私は聴講者諸君が学的要求をもっていることを知っていたので、これに対して多くの配慮を払ったのであるが、これは副次的なものであって、われわれのこの講義の第一の目的は、学的なものではなく実践的なものであった。したがって今日この講義を結ぶにあたって、もし誰かが次のことを前提したとしても、われわれはこれに対して反対する理由を少しももたない、ということを公言しなければならない。すなわち、この講義で述べられたことはわれわれの衷心から出たことであり、提示された根本命題はわれわれにおいては生からも発し、生へ帰還するものであり、またわれわれは言うまでもなく、それが聴講者諸君の愛と生の中に流れ込むことを熱望するのであって、こうしたことが実現された場合に初めてわれわれは、われわれの目的が完全に達せられたと考え、この意志疎通が本来そうあるべきであるほどに親密なものであった、と思うのである、と。

われわれの時代における親密な意志疎通に対する第二の障害は、自分の立場を明確にしようとせず、賛否を決めないという、今日支配的な格律である。こうした考え方は自らを懐疑主義と名づけ、またはその他の上品な名称を取る。こうした考え方について、われわれはすでに講義の中で触れておいた。その根拠は愛の――しかも最も一般的な、自分自身に対する愛における——絶対的な不足である。つまり、人間が自分自身の運命についてさえも心を配ることができないという、前述の精神的散逸状態の最たるものである。あるいはまた、真理は価値あるものではないので真理の認識などに価値はない、という実に乱暴な見解である。鋭い洞察を示すどころか、最高度の鈍感さを露呈するこうした懐疑主義を克服するためには、人は少なくとも、はたして真理は存在するか、それは人間にとって到達しうるものなのか、それは価値あるものか、などについて自分自身の中で考えが一致していなければならない。私はこの講義の終わりにあたって、次のことを公言しなければならない。すなわち、これらの点についてさえ今日未だ考えがまとまっていない人がいるならば——いやそれどころか、彼がここで講義された結論に関して賛否を決めるために、少なくともまだ熟考する時間を乞い願い、あるいはまた、なるほど講義の巧みさは認めるが、事柄自体については判断しかねると公言するならば——彼と私とのあいだの意志疎通と相互作用は最も皮相なものに終わってしまったのであり、私はより優れたものを彼に与えるつもりであったが、彼はただ可能な臆見の常備の蓄えを豊富にしただけであった、と公言せざるをえない。太陽が空に輝いていることは確実である。私が私自身の体を感じているのも確実である。しかし限界なくより確実に真理が——人間の達しうる、そして人間によって明瞭に把握されうる真理が——存在する、ということを私は確信するのである。さらに私はこの真理を、私の一部において、私に特有なある観点から、ある明瞭性の度合いにおいて把握したと確信したい。もしそうでないとすれば、私はおそらく沈黙を守り、講話あるいは著作により自分の説を説くことはしなかったであろうから。最後に、私が今回およびその他の機会において説いてきたことは、永遠にして不変な、対立する一切のものを虚偽とする真理である、ということを確信したい。もしそうでないとすれば、私はそれを説かずに、むしろ私が真理と考えた他のものを説いたであろうから。一部の人々はだいぶ以前から、相当な範囲の読者層および著者層において、巧拙の差はあれ、私が先程述べた奇妙な意見を抱いているかのような疑いをかけてきた。私も出版という同じ手段によって何度もこの意見を公言し、認めてきた。しかし厚顔にも――文書は顔を赤らめない――彼らは私が恥じ入るようにといつまでもこの非難を繰り返し、私がいつか恥じ入るだろうと思い、かつまたその希望を捨てずにいたようである。これゆえ私は、一度多数の尊敬に値する聴衆の面前において、聴衆を正視しながら、私に対するそうした非難が真実であることを口頭で公言しようと欲していたのである。また以前からすべての意見表明に際して、したがってまた尊敬する諸君に対するこの講義に際しても、私の目的と意図は正直なところ、私が認識したことをまず私の力の範囲内にあるすべての手段でもって人々に明確に理解させようとし、また力の及ぶ限り人々を理解へと強いることであった。そうすれば、私がそれを信じて疑わないように、陳述されたことの真理性および正しさへの確信が自ずから生じるであろう。こうしたわけで以前から、そしてまた今も私の目的は、私の確信したところを広め、改心者を増やす——あるいはこの私の見解を嫌う人々が、私が非常に率直に承認するこの意図をどのように表現しようとも——ということにあったのである。私は、本当にしばしば、しかもあらゆる仕方で私に勧められた謙遜を、すなわち「私の意見を、またいかに私個人が事柄を見ているかを、聞いていただきたい。もちろん私はこう言うからといって、私の意見が、世界が始まって以来抱かれており、また世界の終わりまで抱かれるであろうその他一切の意見より少しでも良い、と思っているわけではないが」というような謙遜を、前述の理由および次の理由により自らのものとすることはできない。なぜなら、私はこうした謙遜を最大の不遜と考えるからである。また、われわれ自身がいかに事柄を見るかについて、誰かが知ろうと欲するだろうなどと思ったり、自分の考えがまだ臆見にすぎず知識ではないことを知っていながら、人に教えようと口を開くことなどは、恐るべき、また嫌悪に値するうぬぼれであると考えるからである。もちろん事が済んでしまった後で、人が私を理解しなかったと、すなわち彼らを説得できなかったということが判明したとしても、私はそれを致し方ないことと諦めなければならない。なぜなら、人を理解へと強いる外的で論理的な強制手段は存在しないからであり、理解と確信はただ生の最も内なるものから、生の愛から発展するからである。しかしながら、前もって理解されないと諦めたり、自分の考えを説いている最中からすでに、その無理解をやむをえないこととして予想し、諦めるようなことは、私にはできない。私は未だかつて、この講義においても、そうしたことはしなかった。

真面目な対象についてのより親密で実り多き意思伝達に対する以上の諸障害は――これら以上に自分を高めようとする意欲と力をもつであろう人においても――人がこの時代におい て出会う日常的環境によって、いつまでも手を替え品を替え現れる。尊敬する諸君。私の考えがより明らかになりさえすれば、諸君は私が今までこれらの事柄を直接的に述べたのでもなく、間接的に暗示したのでもないということを見出すであろう。しかしながらいまや私は終わりにあたって、はなはだ円熟した熟慮と検討の結果、こうした環境をその存在において認め、その原理から評価し、このより深い見解によって諸君を――私が、また何らかの外の力がなしうる限り――未来に向かってそれに対し武装させよう、と決心したのである。

論駁と名づけられるものに対する、私もよく知っているほとんど一般的な嫌悪も、私を妨げることはないだろう。なぜならこうした嫌悪自身、私の戦う相手であるあの環境から生じているものであり、その最も重要な一要素であるからである。こうした嫌悪はときとしてさらにより下劣なものであるが――それについては後で述べる――そうでない場合でさえ、それは少なくとも一切のより明確な区別および議論――すべての論争は必然的にそれを避けられない――に対する病的な反感であり、すでに十分叙述したように、一切の対比の混乱および混合への克服しがたい愛なのである。

「人はこうした事柄を無視し、それを軽蔑しなければならない」という、よく言われる戒めも同様に、私を妨げることはないだろう。われわれの時代において、明瞭な認識と性格をもった人で、こうした周囲からの判断によって自分が侮辱され、卑しめられることがありうる、という前提を軽蔑しないような人など想像できない。こうした忠告者ら自身は、おそらく次のことをまったく顧慮していないのである。すなわち、この当然なされるべき軽蔑をわれわれにまず思い起こさせねばならないと考えることによって、彼ら自身いかに多くの軽蔑を招き、またしばしばその場で受け取ることになるのか、彼らは顧慮していないのである。

人が反論し、論争し、論駁するのは、ただ個人的な激情を満足させるためであり、他方また自分を傷つけた人を報復的に傷つけるためである、といった世間一般の前提も、私を妨げることはないだろう。まさに弱く、確固たる真理およびその価値について何も知らない人間は、こうした前提によって、そもそも彼らの快適さを乱す論争を当然嫌悪し軽蔑するために、名誉的とさえ言える根拠を得たと信じる。つまりもし誰かが、人はただなんらかの個人的利害からのみ何かに反対しうるものであると信じるならば、それはまさにこの人自身が反対しうるのは単にこうした根拠からのみであるということ、したがってこの人がいつか論争するとすれば、その動機は個人的な憎悪のみであるということを証明するのである。このような場合われわれは喜んで、こうした事柄を軽蔑せよ、という右の忠告を受け入れるであろう。なぜなら、こうした人がなんらの証拠理由もなくわれわれを同類とみなすことは、軽蔑をもって応えるほかない侮辱だからであり、正しい人はすべてそのように応えるであろう。

また「そのように語り、考える人はほんのわずかにすぎない」という主張も、私を妨げるものではない。なぜならこうした主張はまさに偽りであり、より良い人々の非難されるべき臆病さは、これによって自己を欺こうとするのである。軽く見積もっても、ドイツにおける教養階級の中では百人中九十九人までがこのように考えていると言える。そして特に先頭に立つ上層部が最悪である。したがってここで示された比率は、差し当たっては減じることがないばかりか、ますます増加するであろう。たとえその集団の代弁者、もしくはその精神を著作によって発表する人の数がわずかにすぎないとしても、それはただ、どこにおいても代弁者の数はより少ないものだ、ということに由来するのである。しかし、著作しない者は読み、心の最も密やかな静けさにおいて、自分の真意の適切な表現によって元気づけられるのである。後者が実際にこのような状態にあること、また、われわれは非難することによって一般読者に不正を働いているわけではない、ということは——たとえ一般読者が、自制を保っているあいだは口を慎んでいるとしても——一般読者が激情に駆られたときには、有無を言わさぬほど明白に示されるのである。こうしたことは、人がその代弁者や後見人を攻撃する場合、かならず起きることである。こうした場合彼らは一人残らず立ち上がり、共通の敵に対して団結する。あたかも各人すべてが、最も高価な自分の持ち物を攻撃されたと信じているかのように。

したがって、たとえわれわれに知られたこの集団の個人全員を片付け、彼らに打ち勝ったとしても、事柄自体を単なる軽蔑でもって見逃してはならない。なぜなら、これは決定的な大多数、それどころかほとんど一般的に全員一致の事柄であり、また今後長くそうであり続けるだろうから。また、こうした事物との接触に対する用心深い回避や、「私はそれをするには余りに高潔である」といった口実は、臆病に類するものであり、そこにおいて自分が傷つけられるのを恐れているように見える。むしろ力強い太陽の光こそ、すべての洞窟の暗闇を——その暗闇を自らの内に受け取ることなく——追い散らすことができるはずではないか。もちろんそれは、洞窟の中にいる盲目者の目を開くことはできないだろう。しかし視力ある者に、この洞窟の中がどのような様子であるかを示すことはできるだろう。

現在支配的な考え方が栄誉と恥辱の概念をまったく逆さまに取り、真に恥辱的なものを栄誉とし、真なる栄誉を恥辱としていることは、われわれが以前の諸講義において示し、またこの講義においても時折触れたところである。ただ冷静に聞いていた人なら直接的に明らかになったに違いないが、右で言及した懐疑主義は——今日の時代は洞察力という名の下にいつもこれを栄誉なものとしているが——実のところは明らかな悟性の鈍感さと浅薄さ、および弱さにすぎないのである。しかし今日の時代のこのような完全な倒錯は、とりわけ特に宗教にあてはまる。もし私が諸君に少なくとも以下のことを明らかにしなかったならば、私の諸君への言葉はまったく徒労に終わったと言わねばなるまい。すなわち、すべての非宗教性は事物の表面や空虚な仮象に囚われたままであり、したがって精神の能力および活力の不足を前提とし、よって必然的に性格上の短所と頭の弱さを露呈するものである。これに反して宗教は、仮象より自己を高め、事物の本質に突き進むものとして、必然的に精神力の最適な使用、最高の沈思洞察、そしてこれらと不可分な性格の最高の強靭さを示すものである。よって栄誉についてのすべての判断の諸原理に従い、非宗教的な人は軽視軽蔑され、これに対し宗教的な人は尊敬されねばならないのである。今日の時代の支配的な考え方はこれを逆にするものである。今日の時代の大多数にとっては、宗教的な考え方もしくは宗教的な感情に囚えられることほど、より直接的かつ確実に恥辱をもたらすものはなく、したがってこれから結果することであるが、そうした考え方や感情から自由に自己を保つということほど、より確実に栄誉をもたらすものはないのである。こうした心意について、以下のことが今日の時代にいくらかの弁解を与えているように見える。つまり今日の時代は、宗教をただ迷信としてしか考えることができず、したがってすでに克服しているものとして、迷信および――迷信と宗教とは今日の時代によれば一つのものであるから――すべての宗教を軽蔑する権利を有していると思い込んでいるのである。この点において今日の時代は、その無分別およびそれに由来する極度の無知によって、一度に二つの愚挙を犯している。なぜならまず第一に、今日の時代が迷信を克服しているということはけっして真ではない。いかなる折にもその目で見ることができるように、今日の時代は内的にはまだ迷信で満たされている。なぜなら迷信の根底に力強く触れるたびに、今日の時代は驚愕し、戦慄しているではないか。次に――

これが主要な事柄であるが――迷信そのものが宗教に対する絶対的な対立であるから。それはただ別の形式における、やはり単なる非宗教性にすぎない。それは憂鬱な非宗教性である。これに対して今日の時代が好んでわがものとする――それができるならば――ものは、この憂鬱からの単なる解放としての、軽薄な非宗教性と呼んでよかろう。もちろん、後者の気分のほうが前者のそれよりも若干快い、ということは理解しうることである。また、後者においては状態が少し良くなったと容認してもよいが、しかし非本質的な形式におけるこうした変化によって、本質的には依然変わりない非宗教性が、いかにして道理ある尊敬すべきものとなるかは、思慮ある人の理解に苦しむところであろう。

このように今日の時代の大多数は無条件に宗教を軽蔑する。だが彼らはいかにしてこの軽蔑を行為と発言において実現するのか。彼らは宗教を理性的根拠でもって攻撃するのか。宗教についてまったく何も知らない彼らが、いかにしてこれをなしえよう。あるいは嘲笑でもって攻撃するのか。嘲笑は、嘲笑されるものについてなんらかの概念を端的に前提する。こうした概念をまったくもたない彼らが、いかにしてこれをなしえよう。否。彼らは、これこれの場所でこれこれのことが――宗教に何か関係のありそうなことが――言われた、と単に逐語的に繰り返すだけである。そしてそれ以上自分側からは少しも付け加えることなく、ただ嘲笑するのである。そして愛想のよい人々は皆、お付き合いのため一緒に嘲笑するのである。最初の人もしくは追随する誰かが、内心において嘲笑の表象――それは概念なしにはまったく不可能である――によって実際に刺激された、というのでは全然なく、ただ共通の契約に従って嘲笑するのである。そうしてまもなく集団全体が嘲笑するようになる。誰一人嘲笑する理由を知ることなく。しかし誰もが、自分の隣にいる人はたぶんその理由を知っているだろう、と考えているのである。

現代そのものについて、いや直接的にわれわれがここで営んでいる事柄について、説明をさらに続けよう。そもそも私がいかにして、この都市において一般市民のために通俗的で哲学的な講義を試みようと思うに至ったのかについて語ることは、余りに脇道にそれることであろう。しかし、こうした通俗的哲学講義の開催が決まった以上、しかも単なる専門的目的が除外される場合、一般市民にとって哲学の領域において、宗教以外にはなんら一般的に興味あるものや理解可能なものは残されていないということを、事柄について若干の知識がある人ならば誰しも理解するだろう。宗教的心意を喚起することがこの講義の本来の真なる目的であると、私は昨冬の講義の終わりで――この講義はいまや、読み返すために、この目的のために読み返すために、出版されている――明確に述べておいた。同時に私は、昨冬の講義は今回のための単なる準備にすぎないということ、昨冬の講義においてわれわれは悟性宗教の領域の要点だけを見たにすぎないのであり、理性宗教の全領域には未だ触れていないこと、などを付け加えておいた。他日この講義を再び取り上げるとすれば、それを中断したところから取り上げるだろうということは、当然私から期待できるところであった。さらに私は通俗的な講義のために、通俗的な仕方で対象を示さねばならなかった。私は「浄福なる生への導き」という題目がこの講義の特徴を余すところなく示すと考えた。また今日までもこの点において間違わなかったと信じている。そして尊敬する諸君自身、私の論述を最後まで聴いた後に、はたして浄福なる生への導きを本当に聴けたのか、あるいは何か別のものをそうした導きとして聴いたのか、決めることができるだろう。こうした次第でこのような導きが新聞によって予告されたわけである。私は以上のことをこの瞬間に至るまで、まったく礼儀に適った当然なことと考えているのである。

しかしながら、上述したような大多数にとっては、私の予告とすべての企てが滑稽極まるものに思われ、彼らがここにおいて嘲笑の豊かな源泉を発見したとしても、それは私にとって予期しなかったことではなく、私はそれを同様に当然なことと考えたであろう。また、新聞の発行者や小冊子の編集者が、ここに湧き出る滑稽さの泉を紙面に導いて読者の気晴らしに利用するために、私の講堂に記者を送ったとしても、私はそれをまったく当然のことと考えたであろう。――「浄福なる生への導き」。われわれはもちろん、この男が何を「生」の下に、また「浄福なる生」の下に理解しているかを知らない。しかしこれは奇妙な文字の組み合わせだ。未だかつてこのような組み合わせで、これらの言葉がわれわれの耳に届いたことはない。この様子では、上流社会において良い教育を受けた人が口にするのを恥じるような事物だけが結果するであろうことは、容易に想像できる。そしていずれにせよ、いったいこの男はわれわれが嘲笑するだろうということを予見できなかったのか。もし彼が利口な男であるならば、どんなことがあってもそれを避けようとしたに違いない。してみれば彼の不器用さ加減は明らかだ。われわれは共通の契約に従って、前もって嘲笑してやろう。嘲笑しているあいだに、たぶんわれわれのうちの誰かに、この嘲笑を理由付けるような独自な思いつきと補足がひらめくに違いない。

そのような思いつきがひらめくことは不可能ではないだろう。たとえば人は次のようにも言うことができよう。「他人に浄福なる生への導きを与えたいとは、いったいなんという幸せな人だろう」。最初の一瞥においてすでにこの言い回しは機知に富んでいるように見えるが、しかし辛抱してもう一度よく見てみよう。ここで問題になっている人が、自分の諸原則に対する透徹した洞察にもとづいて、実際にまったく幸福で平静な状態にあると仮定した場合、誰かがこのような陰口をきくことによって、彼に本当の侮辱を加えたことになるのだろうか。「しかし自分自身についてそのようなことを言うとは、恥知らずの自己礼賛ではないか」。疑いもなく人はそれを直接的に自分自身について語ったのではない。なぜなら節度ある人は、もし語ろうと欲するならば自分のこと以外にも、語りうる別の対象をもっているであろうから。しかしながら、平和と安らぎを人生にもたらすようなある一定の考え方が存在するという主張において、またこの考え方を他者にも知らせようとする約束において、人は自身すでにこの考え方を所有しており、またこの考え方によって——それは平和を与えることしかできないため——すでに平和と安らぎを得ているという前提が必然的に含まれているならば、そして人は思慮分別に従えば、後者を暗黙の内に承認することなしには前者を述べることはまったくできないならば、人はもちろんそこから帰結することを妨げてはならない。それにしても、人が自分を馬鹿でくだらなく惨めな人間と考えていないということが、事情によってやむをえず他者に気づかれるとしても、いったいそれがぬぐいえない嘲笑に値するほどの、大きな破廉恥行為であるのだろうか。

尊敬する諸君。しかしながらまさしくこのことが、われわれが今話題にしている大多数にとって唯一の破廉恥行為、唯一の嘲笑すべきことなのである。そしてわれわれは今述べたことによって、彼らの生の最も内なる精神を暴露したのである。彼らによれば、人間のすべての付き合いは——おそらくこの大多数自身にも知られざる、しかし彼らのすべての判断の根底に備わる原理に従って——「われわれは皆同様に憐れな罪人である」という暗黙の前提にもとづかなければならないのである。自分以外の他者を何か自分より優れたものと考える人は愚か者である。自分が他者より優れていると称する人はうぬぼれた気取り屋である。両者とも嘲笑に値する。芸術および学問における憐れな罪人。言うまでもなく、われわれは皆なにごとをもなしえず、なにごとをも知らない。しかし誰でも論じたい意見をもっている。このことをわれわれは互いに謙遜して、相互に認め合い、許し合うべきである。そして自ら語り、また他者にも語らせるべきである。しかしこのようには考えず本気で、あたかも自分がなにごとかを知り、なにごとかをなしうるかのごとく行為する人がいるならば、こうした人の行為は契約に反するものであり、こうした人はうぬぼれている。生における憐れな罪人。われわれのすべての行為と活動の最終的な目的は、われわれの外的状態を改善するということである。誰がこれを知らないであろうか。もちろん契約に沿った生活を保っていくためには、他者に面と向かってそれを言わないことと同時に、この人もまたあからさまにそれを認める義務はないこと、すなわちここではある口実が契約に沿って許容されるということが要請される。しかしそれが暗黙の内に前提となることは、誰もが認めねばならないことであり、この暗黙の前提に反抗する者はうぬぼれている上に偽善者である。

ここに提示された原理から、国民の中の少数のより良い人々に向けられた、よく知られた不平——それを人はいたるところで聞き、また印刷されているのを読むことができる——が由来する。それは次のようなものである。「何だと。あの男はわれわれを美しいものや高貴なものでもって楽しませようというのか。なんと彼はわれわれを知らないことか。われわれには低級な娯楽で沢山なのだ。われわれ自身の軽薄で陳腐な生の忠実な模写を与えてくれればよいのだ。その方がわれわれの気に入るのだから。もしそうすれば彼はわれわれの仲間である。また自分の時代を知っていると言おう。もちろんわれわれ自身も、われわれの力の及ばぬものが優秀なものであり、われわれの気に入るものがくだらなく惨めなものであるということは知っている。しかしそれにもかかわらず、われわれは後者のみを好むのだ。なぜならわれわれは、すでにこのような人間で、もはやどうしようもないのだから」。この原理から、著作家が互いに出版物において、また世人が互いに言葉においてなす、傲慢や不遜であるという非難、および世間に流布しているおきまりの露骨な冷やかしなどのすべてが由来する。私は、もしそういう試みがなされるべきなら、世界における豊富な嘲笑のすべてを――せいぜいその千分の一を除いて――二つの原理へ、すなわち「彼は人間が憐れな罪人であることを未だ知らない」という原理と、あるいは「彼は自分がわれわれ他人すべてよりも優れていると信じている」という原理とへ、あるいはまた同時に両者へと還元することを申し出てもよい。通常この二つの原理は結合しているのである。こうした次第であの大多数の考えによれば、「浄福なる生への導き」の滑稽さは、私がそのような導きを与えることができると信じた点だけではなく、私がそのような導きに対して聴講者を、しかも二回目にも再来する聴講者を見出すであろうと仮定したという点に、さらに――私がそれでもなおそのような聴講者を見出すとすれば――これらの聴講者がここにおいて何か得るところがあるだろうと信じたという点に、あったのである。

大多数の人はたえず、すべての人は同じように罪深い、という前提において生きている。彼らは常に、同じ前提を誰においても期待する。これに違反する人を、彼らは――もし人が彼らの機嫌を損なわずにおれば――嘲笑する。もし立腹させると、食ってかかる。こうした状態は、彼らの真の本質に関して、われわれが現在行っているようなより深い研究をする場合、生じるのが常である。つまり、彼らはまさにこの前提によって、下等に、世俗的に、非宗教的になるのである。そしてこの前提に固執すればするほど、それは益々はなはだしくなる。これと正反対に、善良で正しい人間は、たとえ自分の欠点を認識し、その改善にたえず努めるとはいえ、自分を徹底的な劣等者および本質的な罪人とは考えないのである。なぜなら、自分が本質においてそうした罪人であることを承認し、したがってそれを運命と諦める人は、まさにそれゆえにこそそうした罪人なのであり、その状態から抜け出せないのである。良い人間は、自分に欠けているものを承認するとともに、自分が所有しているものをも承認するし、また承認しなければならない。その所有しているものをこそ彼は利用しなければならないからである。彼がその際、自己を誇るのではないことはもちろんである。なぜならば、人がまだ自己をもっているあいだは、善なるものも彼においてはまったく存在しないということは確かであるから。同様に彼は——たとえ理論的には彼の周囲についてどのように考えようとも——人間との実際の交際においては、彼らを下等で憐れな罪人と前提することはなく、かえって良い人と前提する。彼は彼らの内の罪とは何の関係ももたない。したがって、けっしてこれに向かうことはなく、彼らの内に、それにもかかわらず確かに隠されている善なるものに向かうのである。彼らの内にあるべきではない一切のものを彼はけっして考慮しない。そしてあたかもそれが存在しないかのごとく振舞う。これに反して彼は確固として、現状において彼らの内にあるべきであるものを、まさしくそこにおいてなければならないものとして、また前提されており、いかなる条件の下でも免除されないものとして、考慮するのである。たとえば彼が教える場合、彼は散漫によって理解されることを欲さず、注意の集中によって理解されることを欲する。なぜなら散漫はあるべきではないものであり、結局注意することを覚えるほうが、ある命題を覚えるよりもはるかにより重要なことなのである。確かな真理に対する不安を彼はけっしていたわったり、やわらげたりはしない。彼はこれに挑戦しようとする。なぜなら、こうした不安はあるべきではないものであり、真理を耐え忍ぶことのできない人は真理を彼から授かる資格のない人だからである。結局、確固たる性格はなんらかの実証的な真理よりはるかに価値のあるものであり、総じて人は前者なくしては後者に類する何ものをも獲得することはできないだろう。しかしながら、彼は他者に気に入られ、あるいは影響を及ぼすことを欲しないのであるか。言うまでもないことである。ただし、正しいことによって、また神的秩序の道によってのみこれをなすことを欲するのであって、これ以外の仕方でするならば端的に、影響を及ぼすことも気に入られることも欲しないのである。大多数の人々は、はなはだ無邪気な前提をしているようである。すなわち、少なからぬ正しい人が、芸術においてであれ、あるいは学問、生においてであれ、彼らに気に入られようと欲しているが、しかし彼らをこうした性格の深みまではよく知らないために、どうしてよいかわからずにいるので、したがって彼らのほうが、この人に対して自分がどうして欲しいかを言わなければならない、と考えているようである。しかし、もしこの人が彼らを、彼ら自身いつかなしうるであろうよりも無限により深く見抜いているならば、しかも彼らの言いなりに生きることを実にくだらないことと考え、まず自分が彼らを気に入らなければ、自分も彼らの気に入るようにはなるまいと考えているために、彼らとの交際に対して、こうした自分の認識に注意を向けることさえ欲しないならば、どうなるであろうか。

尊敬する諸君。以上において私は諸君のために、今日の時代における一般的環境を描写するとともに、この環境を徹底的に無視し、これと訣別するための手段を述べた。人は聡明であることを恥じてはならない。たとえ愚者の世界の中にただ一人立とうとも。彼らの嘲笑に関して言えば、人はただちに付和雷同して嘲笑することなく、一瞬のあいだ真剣になり、事柄を注視するだけの勇気をもたなければならない。そうだからといって笑いの種がなくなるわけではない。本当の機智は、こうした場合、背景にあるものであり、それこそがわれわれのためのものである。総じて良い人間が悪い人間より優れているだけ、良い人間の機智もまた悪い人間のそれより優れているのである。彼らの愛と喝采に関して言えば、人は決然とこれらを断念するだけの勇気をもたなければならない。なぜならそもそも人は、自身悪くなることなしには、けっしてこの喝采を得ることはないからである。そしてこれこそが、われわれの時代におけるより良い人々をさえそんなにも無力にし、弱め、彼ら相互の承認と団結を妨げているものなのである。そしてその結果彼らは、二つの合致しないもの、すなわち彼ら自身の正しい行いと卑しい人々からの喝采とを合致させようとの希望に取りすがり、また悪いものを悪いと認める決心を鈍らせるのである。人はただ一度でもこの希望と要求を無視したならば、もはや恐れるものは何もない。生はその秩序ある進行を続ける。愚かな人々はそれを嫌悪することはできるかもしれないが、ほとんど害を加えることはできないであろう。また彼らも彼らの側において、われわれを彼らの同類にしようとの希望を断念しなければならなくなると、彼らの悪意は大いに減ずるのであって、彼らはわれわれをあるがままの姿において利用することを厭わなくなるだろう。そして万が一の場合を仮定するとしても、一人の正しい人間は、もし彼が徹底的で断固たる態度を持するときには、百人の悪い人間よりも強いのである。

以上をもって私は、ここで私が言わんと欲したすべてのことを言い尽くしたと信じる。この講義はこれをもって終わりとする。尊敬する諸君。私は諸君の喝采をかならずしも希望するものではない。もしそれが私に与えられるとすれば、私はそれが諸君および私の名誉とならんことを希望するのである。

第六講への付論

キリスト教の——人類の中において宗教を育むある特別な機関としての——中心的な教えは次のことである。つまり、まず最初にイエスにおいて、このように他の人間には備わらない仕方で、神の永遠の現存が人間的人格性を受け取ったということ、また他のすべての人間はただ彼を通してのみ、彼の性格全体を自身の中で繰り返すことを通してのみ、神との合致に至りうるということ、以上のことが単なる歴史的な命題であり、けっして形而上学的な命題ではないということである。このことは本文の中でも言われていることである（一三六頁）。言及された主張の依拠するこの区別について、ここでより明瞭に論じることは、おそらく余計なことではあるまい。なぜならば、私が今出版においてこの区別を提示しようとしている多くの読者に対しては、直接私の講義に参加した大半の聴講者のように、私の他の教説からこの区別がすでに周知なものとなっている、とは容易に前提すべきではないからである。

表現が厳密に受け取られるときは、歴史的なものと形而上学的なものはまったく対立している。そしてただ実際に歴史的なところは、まさしくそれゆえに形而上学的なものではなく、この逆もまた真である。「歴史的」とは、つまりおのおのの可能な現象における純粋に歴史的なものとは、ただまさに単なる絶対的な事実として、純粋に自立的に他の一切のものから切り離されて理解されるものであり、けっしてより高次な根拠から説明されたり、演繹されるものではない。これに対して「形而上学的」とは、つまりおのおのの特殊な現象の形而上学的な構成要素とは、より高次で一般的な法則から必然的に結果するものであり、法則から演繹されうるものである。したがって単に事実としてはけっして把握されず、厳密にはただ思い違いによってのみ事実とみなされうるのである。というのは、それは真理においてはけっして事実としては把握されないが、われわれの内を司る理性法則に従って事実として把握されうるからである。現象の形而上学的な構成要素はけっして現実性にまで至ることはなく、理性法則の中に現実の現象が完全に溶け込むこともない。したがってすべての現実の現象において、この二つの要素が分離することなく結合しているのである。

すべての勘違いした――その限界を見誤った――学（つまり超越的悟性使用）の根本的な

病は、事実を純粋に事実として受け取ることに満足しようとせず、かえってそれを形而上学化することである。なぜなら、そうした形而上学が高次の法則に還元しようと努めるものは実際には単に事実的で歴史的なものである、という前提の下では、そうした——少なくとも現在の生においてわれわれが達しうるような——法則などありえないからである。したがってそこから推論されるように、こうした形而上学は、説明が行われることを恣意的に前提しながら——これがこうした形而上学の最初の間違いである——加えて創作に精を出し、恣意的な仮説により目の前の溝を埋めなければならない——これが第二の間違いである——のである。

当面の問題に関連して言えば、イエスはまさに自分の知っていることを知っていたし、他の誰かがそれを知る以前に知っていたということ、また彼は実際にしたように教え、また生きたということを、明白なこととして受け入れるならば、人はキリスト教の根源的事実を歴史的に、しかも純粋に事実として——これらすべてのことが彼にはどのように可能であったのか、さらに知ろうとはせずに——受け入れることになる。ただし以上のことを人は、理解可能な、ただここでは伝えるべきでない諸原則に従っても、この生においてはけっして知ることはないだろう。しかし、人が事実をその根底において把握しようとして、そのために何かある仮説――個人イエスが個人としてどのように神的本質から生じたのかに関して――を立てるならば、事実を超越する悟性使用によって、事実は形而上学化されてしまう。個人としての、と私は述べた。なぜならば、いかにして人類全体が神的本質に由来するのか、ということは把握されうるし、またこれまでの講義によって把握可能にされたはずであるし、われわれによればこのことは『ヨハネによる福音書』の冒頭の内容であるからである。

さて、われわれにとって――特に事柄を歴史的に受け取るわれわれにとって――問題となるのは、とにかく誰かが、提示された命題を歴史的あるいは形而上学的のどちらの仕方で捉えるのか、ということなのではなく、われわれにとって一番重要なのは、イエス自身とその使徒ヨハネがその命題をどちらの仕方で捉えたのか、ということであり、またどちらの仕方でその他の者たちがそれを捉えることができたのか、ということだけなのである。そしてもちろんわれわれの主張の最も重要な点は、キリスト教自身、つまりまずイエス自身、かの命題をまったく形而上学的には受け取らなかった、ということなのである。

以下においてわれわれの論証をまとめてみたい。

(一) ナザレのイエスは最高の――他のすべての真理の根底を含む――認識を疑いもなく所有していた。それは人間と神性との絶対的な同一性の認識であり、その同一性は人間における本来的で実在的なものであった。この、またもや単に歴史的な命題に関して、誰よりもまず、以下の証明により何かしら明らかにされるべき人は、私に同意しなければなるまい。そして私は今日の時代に対して、この点に関して急ぎすぎないよう願う。私の考えでは、この一なる実在性に関する認識をすでに他の方法で獲得し、自分の中で活性化したことのない人は――私もまずあの条件を満たしてからこの認識を見出した、その同じ場所において――たやすくこの認識を見出すことはないだろう。しかし、まずこの条件を満たしさえすれば、そしてそれによりまず道具を――それによってのみキリスト教は把握されうる――入手するなら、その人はキリスト教においてあの根本真理を明確に再発見するだけでなく、聖書のその他しばしば奇異に見える表現に関してもより高次で聖なる意味を悟るであろう。

（二）　第二の重要な点として、イエス・キリストにおけるこの認識の仕方は、思弁的哲学者がこの同じ認識に達するための仕方との対比において、最も良く特徴付けられる。思弁的哲学者は、それ自体宗教とは無縁で世俗的な、自分の知識欲の課題、つまり現存を説明するという課題から出発する。彼は、教養ある聴衆のいるところならどこにでもこの――他の人々によってすでに語られた――課題を見出し、解決のために前任者や同時代の人々の中から協力者を見つけ出す。彼には、自分に明らかになった単なる課題のために、自分を何か特別な者や優秀な者とみなすことなど、思いもつかない。さらにその課題は課題として、彼自身の勤勉さおよび明瞭に意識された彼の個人的自由を促す。そして彼は、自分の自発的活動性をまったく明瞭に意識しているために、自分が霊感を受けた者であるなどと考えることはできない。

そして最後に、彼は答えを見つけ、しかも唯一の正しい方法、宗教原理により答えを見出したとすれば、こうして常に彼の発見は、一連の予備的な諸研究の一つに加えられ、このように彼にとって自然な出来事となるのである。宗教はただ付随的に、純粋かつ端的に宗教としてではなく、加えて彼の生涯の課題をなした謎を解く言葉として、彼に現れたのであった。

イエスの場合、事情はまったく異なった。彼はまず端的に、何かある思弁的な問い——後にその探究の経過の中で彼に達成された宗教認識によって解かれたにすぎないような問い——から出発したのではない。そもそも彼は自分の宗教原理によって、世界内のことは端的に何も説明しない。またその原理から何も演繹しない。彼はただ一人まったく純粋に、ただこの原理だけを唯一知識に値するものとして述べ伝え、その他一切を話す価値のないものとして斥ける。彼の信仰と確信は、有限的な事物の現存に関して一度たりとも問われることはなかった。要するに彼にとっては、それらはまったくないに等しいものであり、ただ神との合致においてのみ実在性があるのである。しかも、こうした非存在がいかに存在の仮象を受け取りうるか——このような疑念からすべての世俗的な思弁が生じる——ということも、彼を驚かすものではない。

同様に彼は、外からの教えや伝統によって自らの認識をもったのではない。なぜなら、彼のすべての発言において輝き出ている、真に崇高な誠実さと開きにおいて——もちろん私は、ここで重ねて読者諸君に対して、こうした徳への自らの親近性によって、またイエス伝の深い学習によって、そうした誠実さについて具体的な概念を入手されることを前提する——彼はこのことを語ったはずであり、また弟子たちに彼自身の諸源泉を指示したはずである。彼自身アブラハム以前のより正しい宗教知識を示唆し〔『ヨハネによる福音書』八・五六参照〕、使徒の一人がはっきりとメルキゼデクを指し示している〔『ヘブライ人への手紙』五・六—一〇、六・二〇—七・一九参照〕からと言って、イエスが直接的な伝統を通じてそうした知識体系に関係していたことは帰結できない。かえって彼ははなはだ当然に、自分の内ですでに明らかになっていたことを、モーセについて学んでいるとき単に再び見出しえたのであった〔『ヨハネによる福音書』五・四六参照〕。なぜなら、その他多くの例から明らかなように、彼は当時の聖書学者たちよりも、またわれわれの時代の大多数よりも、旧約聖書を無限により深く把握していたからである。また彼は、モーセと預言者たちは何も言おうとしないのではなく、かえって何か伝えたかったに違いない、という解釈学的な原理から出発しているように見えるからである。

イエスは自らの認識を独自の思弁や外からの伝達によって得たのではない、ということはつまり、彼はそれをまったく端的に自らの単なる現存によって得た、ということである。彼の認識は、彼にとって第一のものであり、かつ絶対的なものであって、何か他の部分と関連をもつようなものではない。彼は純粋に霊感を受けることによってそれを得たのである。われわれは後から、また自分の認識と対比しながら、それについての自分の考えを述べるが、彼自身はしかしこのように自分の考えを述べることさえできなかった。このような仕方でいったい彼はどのような認識をもっていたのか。すべての存在はただ神の内に基礎付けられ、したがってそこから直接帰結することであるが、彼自身の存在もまたこの認識とともに、この認識において、神の内に基礎付けられ、直接的に神から発する、ということである。そこから直接帰結することである、と私は言った。なぜならわれわれにとって後者は、一般的なものから特殊なものへの推論だからである。つまり、われわれは皆まず、すでに現存しているわれわれの個人的な自我を、ここで言われている特殊なものとして、一般的なものに対して無化しなければならない。ただし——中心的な事柄として注目するよう私が願うことであるが——イエスにおいてはけっしてそうではない。彼には無化されるべきであるような、精神的で、探究あるいは学習するような自己は存在しなかったのである。なぜなら彼の精神的な自己は、そもそも神との同一性の認識において彼に明らかになったからである。彼の自己意識は直接的に、純粋で絶対的な理性真理そのものであった。存在しつつ揺るがない、意識の単なる事実であり、けっしてわれわれすべてのように、先行する他の状態から派生するものではない。それゆえわれわれの自己意識は、意識の単なる事実ではなく、推論である。以上私が明確に考えを述べようと骨を折ってきたことのうちに、まさしくイエス・キリストの本来的で個人的な性格が——すべての個人性と同様に、時間の中においてただ一度だけ措定されうるものとして、また時間の中においてけっして繰り返されることのないものとして——存在していたであろう。彼は、一つの直接的な自己意識になった絶対的理性、あるいは——同じことを意味するが——宗教であった。

(三)　この絶対的な事実の中にイエスは憩い、またそれと合致したのであった。彼はただ次のようにのみ、考え、知り、あるいは話すことができたのであった。すなわち、これこれであると彼はまさに知っており、また彼はそれを直接神の内において知っており、さらに彼は、自分がそれを神の内において知っている、ということをまさに知っている、というようにである〔『ヨハネによる福音書』八・一六―一九、二八、五五参照〕。同様に、弟子たちに対する浄福への導きについても、彼らも彼と同じようにならなければならない、という導き以外には与えることができなかった。なぜなら彼は自分自身において、自分の在り方こそが人を浄福にさせると知っていたからである〔同八・一二、一三・一五―一七参照〕。自分自身のほかに、また自分の在り方以外に、彼は人を浄福にさせる生をまったく知らなかったし、またそれゆえほかには示すことができなかった。もっとも彼はそれを一般的な概念において――思弁的な哲学者がそれを知り、表現することができるように――知っていたのではなかった。なぜなら、彼はそれを概念から得たのではなく、ただ自分の自己意識から得たからである。彼はそれをただ歴史的に受け取った。そして誰でもそのように受け取る人は、われわれの考えでは――いましがたわれわれが明言したように――彼に倣い、同様にただ歴史的にそれを受け取るのである。ユダヤの地においてそうした人間はいつの時代にもいた。それはそれで十分である。しかし人は、このような個人が何によってありえたのか、実際に成り立ったのか――神の恣意的な執行によってか、あるいは神の内的な必然性によってか――を知ろうとすれば、その人は事実を通り越し、単に歴史的な事柄を形而上学化しようと欲することになるのである。

イエスにとってそのような超出は端的に不可能であった。なぜならこの目的のためには、彼は自分をその人格性において神と区別し、自分自身を分け隔て、奇妙な現象として自分自身を不審に思い、はたしていかにしてそうした個人がありうるのか、という謎を解く課題を、自分に課さなければならなかったであろうから。しかし、『ヨハネによる福音書』のイエスの性格において最も突出して、常に同じ仕方で繰り返されるのは以下の特徴である。彼はそうした自分自身の父からの分離についてまったく何も知ろうとはせず、かえってそうした分離を試みる人々を真剣に叱責している〔『ヨハネによる福音書』一四・九—一四参照〕。また彼はたえず、彼を見る人は父を見、彼を聞く人は父を聞き、それはすべて一つである、と考えている。さらに彼は、自分に対して自己を——これを不当に高めているとして、誤った理解は彼を非難するが——無条件に否定し、捨て去るのである〔同五・三〇、六・三八参照〕。彼にとって、イエスが神であったのではない。なぜなら自立的なイエスというものを、彼は認めなかったからである。そうではなくて、神がイエスであったのであり、またイエスとして現れたのである。しかし、先程のような自己観察や、自分自身を不審に思うようなことは——私はイエスのような人に関して言おうとしているのではない。彼に関してはこれらのことを免除することとさえも中傷であろう——古代の実在論全体には、はなはだ疎遠なことなのである。たえず自分自身に——自分がどうであるのか——目を向けるという才能や、自分の感情およびその感じ方を再び感じること、退屈しのぎに自分自身や自分の奇妙な個性を心理学的に説明すること、などは現代人に残されたことである。ここからしてまさに現代人からは、彼らがまったく単純に生きることに満足するまでは——他方なにがなんでもこの生を生きようと欲することがなくなるまで——何一つ正しいものが生じることはないだろう。この自分たちの生を驚嘆することや理解することは、より大事な仕事のない他の人々に——彼らがそれを努力に値すると思うならば——任せておこう。

訳者後記

本書は Johann Gottlieb Fichte, Die Anweisung zum seligen Leben oder auch die Religionslehre, 1806 の翻訳である。テクストとして、メディクス版フィヒテ全集第五巻を用いた。

本書は、今を去る六十二年前すなわち昭和十三年に岩波文庫の一冊として刊行された。幾度か版を重ねたが、戦後は絶版になっていた〔一九九九年復刊〕。二、三年前にリーゼンフーバー師にお会いした時にこの本を再版したいと話された。私は全てを師にお任せした。この度岩波書店の了解を得、平凡社から再版されることになった。これ偏にリーゼンフーバー師の御尽力によるものである。厚く御礼申し上げる次第である。再版にあたっては、古い漢字や仮名遣いは新しいものに改め、また文章も古風な箇所は現代風に改めた。訳文はあらためてドイツ語原文（hg. H. Verweyen, PhB 234, Hamburg 1983）に当たって補正し、また旧版には収めていない「第六講への付論」も訳出・収録した。校正も含め、これらの仕事を全面的に担当して下さった堀井泰明氏に深く御礼申し上げる。

この書を眼前にする時、私は自ら学生時代を想起せざるを得ない。私は昭和三年に京都大学ドイツ文学科に入学した。昭和六年に哲学科に転じ、昭和九年に卒業した。大学院（当時の大学院制度は今日のそれとは異なる）に一年在学した後、東京に戻った。当時の哲学科主任教授は田辺元先生であった。先生は非常に真面目で厳格な方であった。寸暇を惜しんで勉強された。先生は他大学に出講されたことは一度もなかった。和歌を詠まれたが、その他は学術論文しか書かれなかった。『中央公論』だったか『改造』だったかの記者が原稿依頼に先生宅を訪れ、あまりしつこいので、先生に玄関先で怒鳴りつけられたという噂話もあった。

当時は哲学科を出ても就職口はなかった。私の卒業した時、純正哲学専攻生は十五名であったが、そのうち就職したのは、新潟の新発田中学（今日の高校）に赴任した一人だけであった。先生もその事を気にしておられた。卒業の時、先生の奥様の手料理で、お別れの会が催されたが、その席上先生はすまなそうに「どうも私はその方面の事は不得手で」と言われた。しかし、誰も先生に就職の世話などして戴こうと思ってはいなかった。哲学を選んだ以上、職の無いのは覚悟の上さ、というのが皆の気持ちであった。カントだって、七年間家庭教師をしていたじゃないか！

卒業して大分たってから私は先生をお訪ねした。まだ定職はなかった。私は卒業論文でフィヒテを取り扱ったので、先生は「フィヒテの宗教論でも訳してみてはどうか。よかったら私が岩波に話すから」と言われた。初めての仕事なので随分時間がかかった。ある部分が出来上がる毎に先生の所へ送った。先生はそれを丁寧に御覧になり誤字や仮名遣いの間違いまで赤インキで訂正して送って下さった。貴重な時間をさいてそのようにして下さる先生に私はいたく感激した。

中年以後、私の関心は古代や中世の哲学に向かい、ドイツ哲学とは縁遠くなった。この度書棚の奥から旧著を取り出し読んでみた。懐かしい気がした。当時書いた解題も（私にとっては）捨てがたいもののように思われた。それで今回もそれをそのまま転載することにした。

解題

一七九九年の無神論論争によってイエナ大学を逐われたフィヒテは活動の地を求めてベルリンに移り、そこで著述の傍ら、私的講義をなし、また一般人士を相手とする通俗講演を試みた。当時新興プロシャの首都として学者、文人等も集り、知的要求も一般に盛であったが、まだ大学のなかったベルリンにおいて、フィヒテの私的講義、殊に通俗講演は強く人々をひきつけ、フィヒテはベルリンの精神的中心の一つとなった。これらの講演の中では、かの「独逸国民に告ぐ」（一八〇七）が一番有名であるが、ここに訳出の「浄福なる生への指教」は、それの前回の講演としてこれに先立つこと二年（この間にナポレオンのベルリン占領がはさまる）、一八〇六年の冬行なわれたもので、フィヒテはこれによってもやはり同様深い感銘を人々に与えたのである。

　フィヒテの著書のあるものは難解を以て有名である。しかし、本書は右に述べた如く一般人士を相手とする通俗講演であって、フィヒテは非常に砕いて説いている。フィヒテは本講演の中で、本講演の性質および意図について次のように言っている。学的講述は誤謬との対照において真理を説き、通俗的講述は簡単に真理を真理として説く。人は誰でも生来の真理感覚（Wahrheitssinn）をもっていて、真理を認識し得る筈である。学者といえども、真理を獲得するには、この真理感覚によるの他はないのであって、ただ彼においては、この真理感覚が他の人々より強力であるに過ぎない。この講演は証明することは出来ない。しかしそれは理解されなければならない。理解のみが、それによって人が教説を己のものとする器官であるが故に。人は理解するということを難しく考え、「私はそれを理解することが出来るであろうか」などと臆してはならない。理解するということを、完全なる透徹の意味に解するならば、それは大したことである。かかる意味においてこの講演を理解することは、自分自身この講演を行い得るであろう如き人のみがよくなし得るところである。しかしながらこの講演によって捉えられ、世俗の一般的見解より高められ、崇高なる志操《ゲジンヌング》と決心にまで感奮させられた人もまたこの講演を理解したのである。かかる意味においてはこの講演はすべての人に理解されなければならぬ、と。

本書の内容については、巻頭に詳しい内容目次がついているから、読者はそれを見られたら大体どのようなことが書いてあるかを理解されるであろう。ここではただ一、二の点を注意するに止める。

本書の題は宗教論であるが、要するに思弁最高の問題を、例えば意識と外界との関係、世界と絶対者との関係、個体我、意志の自由、更に個体我・個体意志の否定による神との合致等の問題を、簡明率直に、即ちフィヒテ自身の言葉を借りれば、彼が真理感覚によってそれを得たままに、説いているのである。もちろん「浄福なる生への指教」という題名の示す如く、これらの諸問題は、これらの諸問題についての洞察を得ることによって初めて人は、何が真理であり、何が虚偽であるかを、何が真に価値ある、希求すべきものであり、何が人をその外面のきらびやかさによって引きつけるが、真実には空虚であるかを、知ることが出来、而してかかる智慧に従うことによって初めて人は真に浄福なる生を得ることが出来る、という観点から取り扱われているのではあるが。

次に第六講であるが、ここは全篇ヨハネ福音書の解釈である。これより先フィヒテはヨハネ福音書を研究して深い影響を受けた。この第六講は一八〇四年の「知識学」と共に最も顕著にその影響を示している。ただしフィヒテの解釈の是非については種々意見があるであろう。

フィヒテは元来が（道徳的）宗教的な人である。彼の思想が神秘的色彩を帯びてきたのは比較的後年のことであるが、しかし初期の晦渋難解な論理の根底にもこのような宗教的意向《ゲジンヌング》があって、論理を動かしていると見なければならない。人を理解するには、彼を彼の人格の中心において捉えなければならない。フィヒテを知るにはまずこのような彼の意向を知らなければならない。そしてそれには、フィヒテの宗教論としても一番まとまっているこの書が適当なものの一つ（他にも「人間の本分」等があるが）であろうと思う。

各々の時代はそれぞれ自己の問題を、自己の苦悶を、もつ。宗教という言葉は現代人の意識にとって、殊に我が国の人々のそれにとって、或いは縁遠いものであるかも知れない。まことに、宗教がその旧き形式を以てしては最早我々を救い得ないということは事実であろう。しかしながら人間が有限性を背負わされた存在である限り、この有限性より超脱せんとする宗教的努力は、如何なる時代においても、人間の切実なる、その本質に根ざせる、努力であり、而してフィヒテの説くところがいわゆる宗教に非ず、各人が永遠者に対する彼特有の分与《アンタイル》——それは、主観的には、内心の声として彼に現われる——に聴従すべきことを命じ、そしてかくしてのみ真実の浄福に至ることが出来ると教えたのであるとすれば、この書も現代にとって意義をもたないであろうか。

本書の翻訳に当っては田辺元先生、亀尾英四郎先生より種々懇切な注意と教示を賜わり、また出版についても田辺元先生の配慮を戴いた。ここに厚く御礼申し上げます。

昭和十三年六月　訳者

ここに出てくる亀尾英四郎先生とは、私の旧制高校の時の恩師である。ゲーテ研究家で風格のある方であった。この先生の周囲に小さなサークルが出来ていた。私は旧制高校の時理科に在籍していたが、途中で理科の勉強が面白くなくなり、文学に興味をもつようになった。それで私もこのサークルに加わった。

本稿の終わりにあたり、私は私に良き学生時代を贈って下さった多くの方々に感謝しなければならない。美しくのどかな七十年前の京都と奈良。多くの寺院と遺跡。それらは私に多くのことを教えてくれた。西田幾多郎、田辺元、朝永三十郎、波多野精一、田中秀央、久松真一の諸先生。立派な方々であった。亀尾英四郎先生と内田藤雄、道家忠道両君。私はいろいろ啓発された。さして豊かでもないのに長い学生生活を許してくれた寛大な父と母。

我死なば故郷の山に埋《うず》もれて
昔語りし友を夢見む
（西田幾多郎）

最後になったが、本書を出版して下さった平凡社社長下中直人氏および元編集部二宮隆洋氏に厚く御礼申し上げる。

平成十二年夏　　高橋　亘

解説――フィヒテ宗教論の生成と発展

K・リーゼンフーバー

一　書名に含まれる問題

『浄福なる生への導き』(Die Anweisung zum seligen Leben) は、「フィヒテの宗教哲学的著作のなかで最も重要なものと言って差し支えない」[*1]と評され、また「カント以降の〈同一哲学〉全般の思惟・意図・情感の最も内的な傾向を窺わせる、〈ドイツ観念論〉のまたとない記録」[*2]ともされる。それどころか、この著作には、「人類が手にした文献すべてのなかで最も豊かで最も深遠なものの一つ」[*3]という評価すらが与えられている。フィヒテ自身はこの著作を、「通俗的教説」の一部分でありながら、「その頂点、最も輝ける点」(序文、一五頁) であるものとみなしている。

フィヒテの言う「通俗的」著作というのは、哲学的術語や方法についての知識や哲学史上の問題設定についての理解を前提することなく、「一般的に興味あるものや理解可能なもの」(第十一講、二六二頁)に関して、聴講者が一緒に考えを追うことだけを求める仕方で論じるものである。そこでこの著作は、専門的な哲学の講義を記録したものではなく、(当時の新聞に告知をしたうえで)一八〇六年一月一二日から同年三月末日までベルリンで日曜ごとに行われた講演をまとめたものである。しかもこの講演は「一般市民」(第十一講、同)を前にして行われたのであり、そこには実務家もいれば、向学心に富んだ主婦や若手の学者も混じっていた(第一講)。

『浄福なる生への導き』という標題は、この著作の内容と意図を適切に表している。「浄福なる生」(ないし「至福」)とは、古典古代においては、人間存在の完成の総体を表し、倫理学と宗教がそれを目標とすることで互いに一致するところとされた。アウグスティヌス(三五四―四三〇年)はこの主題を、自らの初期の哲学的著作の標題として取り上げ(『至福の生』[De beata vita])、トマス・アクィナス(一二二五―七四年)は、アリストテレス(前三八四―前三二二年)からの影響の下で、その『神学大全』(Summa theologiae)の倫理的論考において、「至福」の問題をその基盤としている。倫理的課題と人間本性の幸福なる完成とのこのような一致は、ウィリアム・オッカム(一二八〇頃―一三四七年)などを代表とする中世末期の唯名論によって解体され、宗教改革においては、原罪によって損なわれた人間本性と神の恵みとの対立というかたちで相互に分裂し、カント（一七二四―一八〇四年）に至っては、定言命法によって感覚的欲求が倫理的行為から排除されるという仕方で最終的に解消されることになったのである。フィヒテが「浄福なる生」を講演の主題とした際、そこには一方ではカントと共通の実践的関心が働いていたにしても、さらにそれ以上に、定言命法によって人間の自発性を制限したカントの倫理学を克服し、人間理性に固有な、幸福に対する憧憬の積極的意味を強調するという狙いがあったものと思われる。「人間が自己自身と完全に一致するということが〔……〕、人間にとっての究極にして最高の目標である」[*4]と、フィヒテはすでに一七九四年の時点で記している。

浄福なる生は何らかの「導き」を必要とする。なぜなら浄福なる生は、カントが「要請」として捉えたような、倫理的に正しい生を送った者に対して後に与えられる単なる報償などではないからであり、また「理性は実践的である」[*5]以上、理性的存在者としての人間によってすでに今の生において実現されうるもの、またそうあるべきものだからである。「倫理的法則の究極目的は、絶対的自由と自立、理性の支配、および至福である」[*6]。ここには、人間は外的な状況によって至福を得ることはなく、理性的な洞察にもとづいて自ら独自の本質を自由に完遂すべきであるという考えが含まれている。それゆえこの『浄福なる生への導き』は、「理論〔教え〕」としては、個人的・人格的理性としての人間の本質に対する洞察を促し、同時に「指示〔教示〕」としては、哲学的理論から生の実践への移行を促すものなのである。

ところで、フィヒテがこの著作に「または宗教論」という副題を添えたところからわかるように、フィヒテは、浄福なる生の人間論的解明はそれ自体の内に、宗教の本質を成すものすべてを自ずと包括するものと考えていた。宗教は彼にとって何らかの特殊領域、あるいは「独立した活動」ではなく、「われわれのすべての思惟と行為を貫徹し、それらを生かし、自らの中に沈める内的精神」（第五講、一二三頁）なのである。それと同時に宗教は、そこにおいては究極的諸原理への哲学的問いが、哲学者ならざる者にとっても重要な意味をもってくる中心的領域なのであり、それゆえに宗教こそが、哲学的問いが幸福と人生の意味についての問いと一致する本質的次元なのである。そこでフィヒテの宗教論は、反省によって明らかになる人間の意識の分析のみに支えられつつ、「それ自体において絶対的にいかなる時代に対しても妥当し、真理であるもの」（第六講、一三〇頁）についての純粋に哲学的な考察の枠組みの中で展開される。

『浄福なる生への導き』の標題から示唆された問題設定を、フィヒテ自身の思想の発展史の内に正確に位置づけるには、まずフィヒテの生涯と著作活動を簡単に振り返る必要があるだろう。その後で、この著作を読み解くための手引きとして、本書の基本思想を要約的に概括しておくことにしたい。

二 フィヒテの思想の発展

ヨーハン・ゴットリープ・フィヒテが一八〇六年に『浄福なる生への導き』の講演を行ったとき、彼は壮年の四十四歳であり、哲学者たちのなかで尊敬されると同時に、その思想は議論の的ともなっていた。一七六二年、ランメナウ村（オーバーラウジッツ）のさして裕福とは言えない職人の、十人兄弟の総領として生まれたフィヒテは、彼の才能を見抜いたザクセン地方の地主ミルティッツ侯の援助を得たため、家庭の状況からは思いもよらないことだったが、一七七四から一七八〇年まで、領主施設の学校として名高い寄宿学校シュール・プフォルタ（ナウムブルク近郊）に学び、その後一七八〇年はイェーナで、一七八一―八四年はライプツィヒで神学の研鑽を積んだ。経済的問題のため勉学を中断せざるをえなくなった後は、一七八四年以降はザクセンで、一七八八―九〇年にはチューリヒで、家庭教師として生活の資を得ており、チューリヒでは将来の伴侶（一七九三年結婚）であるマリー・ヨハンネ・ラーンと知り合っている。ライプツィヒで教えていた生徒の一人から、当時流行になっていたカント哲学の手ほどきを乞われたところから、フィヒテはカントの思想、とりわけその実践哲学を独習し（一七九〇年）、このことが彼の思想と生涯にとって決定的な転機となった。

人間を自由な倫理的主体と捉え、時間的・空間的な事物を意識にとっての現象ないし客観と捉えるカントの思想は、フィヒテを新たな世界へと開眼させた。すなわちカント哲学は、自由な人格性の展開を阻む足枷となっていたスピノザ（一六三二―七七年）的な決定論的・因果論的世界観からフィヒテを解放することになったのである。そこでカントとの知遇を得るために、フィヒテはカント哲学の精神に則って、わずか数週間で小論考『あらゆる啓示の批判の試み』（Versuch einer Kritik aller Offenbarung 一七九二年、ケーニヒスベルク）を書き上げた。この論考は――おそらく意図的にと思われるが――匿名で公刊され、そのために当初のうちは、これこそ長いあいだ待ち望まれていたカントの宗教哲学であるとの風説が流れたほどである。念願のカントとの面会は失望に終わったが、その後カント自身が『あらゆる啓示の批判の試み』の真の著者を公表したために、フィヒテの名は一躍有名になった。さらに家庭教師を続けながら一七九三年に著した二著作、つまり『思想の自由の返還要求――思想の自由の抑圧者たるヨーロッパの君主たちに抗して』(Zurückforderung der Denkfreiheit von den Fürsten Europas, die sie bisher unterdrückten) と『フランス革命論――フランス革命に対する公衆の判断に対する是正』(Beitrag zur Berichtigung der Urteile des Publikums über die französische Revolution) からは、フィヒテが当時の精神的・政治的諸問題へと積極的に参加しようという意志をもっていたことが窺える。この二著作によってフィヒテは同時に学者としての名声を確立し、早くも一七九四年には、ゲーテ(一七四九―一八三二年)が理事を務めていたイェーナ大学に、教授として招聘された。そこでフィヒテは、カント学者ラインホルト(一七五八―一八二三年)の後任となり、同僚としては、同じくカントの思想に深く共感し大学では歴史を講じていたシラー(一七五九―一八〇五年)がいた。イェーナでの五年間(一七九四―九九年)にフィヒテは、人間の意識と理性に立脚する自らの観念論哲学の基礎を築き上げたのである。

フィヒテはカントの「コペルニクス的転回」を継承している。それによれば、認識とは、前もって与えられている外的な客体に向かうのではなく、むしろ逆に客観は意識の自発的活動に従うものとされる。しかしカントは、主観から独立した「物自体」を、それがさまざまな知覚の原因として認識の運動を惹き起こすものである限り、認識にとって不可欠であるとしたのに対して、フィヒテは意識にとって異質である「物自体」という規定を最後まで残すことには反対する。なぜなら人間は、外的所与の受動的産物や、単なる「事実」(Tatsache)(ラインホルト)ではなく、自立的な理性であり「事行」(Tathandlung)――すなわち自己自身に関わり自己を意識し、自ずと実践的であり、したがって自らの活動の自由にして唯一の原因たるもの――だからである。「自我は根源的かつ端的にそれ独自の存在を措定する」[*7]。

これと同時に(ただし二次的にではあるが)、自我はあらゆる客観ないし世界を、自らの内に、そして自らに対して措定し、これらを通して自らを自己自身に向けて媒介することになる。こうして、すべての理論的経験と世界認識は意識ならびに自我の規定である以上、それらは理性ないし自己意識の自己規定の内にその根拠をもつはずである。この場合、自らの前にある客観、すなわち「非我」を考察する理論理性は、自らの意識活動すべてを実践理性の優位の内に遂行しているが、その実践理性は、客観による一切の限定を克服することによって自己自身との合致に至るものである。こうしてフィヒテは、自らの体系的哲学の核心である「知識学」、すなわち知についての理論において、「自己意識の可能性にもとづく一切の経験の完全なる演繹」[*8]を展開する。それゆえフィヒテにとって自我とは、カントの理論哲学におけるのとは異なり、対象に関わる意識にとって前提、ないしそれにともなう表象に尽きるのではなく、自己意識の知的直観において自己自身を遂行しつつ把握するものとされるのである。フィヒテはこの問題について、一七九四年から一八一三年のあいだ、十編を超える『知識学』(Die Wissenschaftslehre) で論じることになった。

理性は外的実在に依存することなく、それゆえにそれ自身の内で完結した体系であるため、理性の活動領域の諸原理とその実質的な諸部門そのものが理性それ自身にもとづいて導出される。このような実質的な理性使用は、基本的に四領域に分かたれる。すなわちそれは、自然・法・倫理・宗教のそれぞれについての理論へと分岐するのである。すでにイェーナ時代(著述活動の第一期)において、フィヒテは『自然法の基礎』(Grundlage des Naturrechts nach Prinzipien der Wissenschaftslehre 一七九六年)と『知識学の原理による道徳論の体系』(System der Sittenlehre nach den Prinzipien der Wissenschaftslehre 一七九八年)を著すと同時に、理性の完全な実現の例として、『学者の使命』(Einige Vorlesungen über die Bestimmung des Gelehrten 一七九四年。同じ主題の著作が一八〇五年と一八一一年にもある)をまとめている。

このような多産な時期は、フィヒテの大学職解雇という結果に終わった「無神論論争」によって中断された。それは、フィヒテが共編集者に名を連ねていた『哲学雑誌』(Philosophisches Journal) において、フォルベルク(一七七〇―一八四八年)が論文「宗教概念の展開について」(Über die Entwicklung des Begriffs der Religion 一七九八年)の中で、宗教とはただ道徳的秩序の存在に対する実践的信仰のみをその本質とするという見解を提示したことに端を発する。フィヒテは、これに対する補足的論考「神による世界統宰に対するわれわれの信仰の根拠について」(Über den Grund unseres Glaubens an eine göttliche Weltregierung 一七九八年)において、神を道徳的世界秩序と同一視し、神についてそれ以上の人格的・形而上学的ないし宇宙論的特徴づけを一切認めることがなかった。そこでフィヒテに対して無神論者との非難がなされたが、彼はこれに対して二編の論考によって自らの立場を頑強に守り、屈伏するよりは辞職を選ぶと言い放ったところ、フィヒテ自身の目論見とは異なり、この言い分は、宰相ゲーテの同意もあって、当局に辞職願いとして受理されてしまった(一七九九年)。同年、カントがフィヒテに対して公然と反論したばかりか(八月)、ヤコービ(一七四三―一八一九年)も公開書簡「フィヒテへの手紙」において、意識の内在を絶対化するフィヒテの考えに従うなら、「一切は徐々にそれ自身の無の中へと解体してしまう」[*9]ということを理由に、その哲学を「ニヒリズム」と呼んで批判した。ヤコービによれば、自存し生きた神に対する信仰によってのみ、自律的意識の空虚さが克服されうるのである。

辞職の後、一七九九年七月にはベルリンに移住し、その地では初期ロマン主義のサークル

――ティーク（一七七三―一八五三年）、Fr・シュレーゲル（一七七二―一八二九年）、シュライエルマハー（一七六八―一八三四年）ら――と親交を結び、ベルリンの文芸雑誌による批判はあったにしても、時を隔てず、学者・芸術家・政府高官の選り抜きの人々を聴衆として、私的な講義を開催する。一七九七年以来構想が練られていた『人間の使命』（Die Bestimmung des Menschen 一八〇〇年）は、フィヒテ自身が自覚していたように、第二の多産な時期の幕開けとなった。しかしこの時期に関しては、その講義の多くは当初公刊されることなく、ヘーゲル（一七七〇―一八三一年）をはじめとする同時代の哲学者たちに注目されることがなかったため、従来の哲学史でもかならずしも重視されてはこなかった。やっと近年になってその重要性が正しく認識され、そこからフィヒテ・ルネサンスとも言える動きが生じることになったのである。

すでに『人間の使命』において、フィヒテは「知―懐疑―信仰」という三段階の歩みを通じて、人間の意識による知に先立ってそれを超える絶対的存在を想定するところにまで近づいている。絶対的存在たる神についての宗教哲学的な問いは、無神論論争の経験やヤコービによる批判を通じて芽生えたものである。ただし、ヤコービの場合そうした問いは信仰にもとづく思惟から発していたのに対して、フィヒテにおいてはまさに体系的哲学そのものの中心から生じている。それというのも、一八〇一年以降展開されているように、絶対的自我ないし意識が「知る」、つまり存在を認識することができるのは、ただ絶対的自我が自らを絶対的存在の表現として、つまり「像」あるいは「現存」として理解することによってのみだからである。

そればかりか、ベルリンにおいては、いわゆる通俗的著作も続々と公刊されている。すなわち、政治的論考である『閉鎖商業国家論』（Der geschloßne Handelsstaat 一八〇〇年）、時代の精神状況についての原理的分析である『現代の諸特徴』（Die Grundzüge des gegenwärtigen Zeitalters 一八〇六年）、そして本書『浄福なる生への導き』、さらに著名な『ドイツ国民に告ぐ』（Reden an die deutsche Nation 一八〇八年）である。この『ドイツ国民に告ぐ』においてフィヒテは、一八〇七／〇八年の冬のフランス軍によるベルリン占領のさなかにあって、確固たるドイツ国民教育の理念を訴えた。こうした充実した活動ゆえに、大臣フォン・ハルデンベルクによるプロイセン王への執り成しによって、エルランゲン大学教授に――一八〇五年には臨時で、一八〇六年には常任として――迎えられたが、早くも一八〇六／〇七年の冬学期にはケーニヒスベルクで講義を行い、そこから再びベルリンに戻っている。一八〇八年に重病を患ったのち、彼が一八〇七年にその創設を立案した新設のベルリン大学の職務に就き、一八一〇年には学部長、一八一一—一二年には初代総長の重責を担った。その後の著作、『超越論的論理学』(Transzendentale Logik 一八一二年)、『意識の諸事実』(Tatsachen des Bewußtseins 一八一三年)、『法論』(Rechtslehre 一八一二年)、『道徳論』(Sittenlehre 一八一二年)、『国家論』(Staatslehre 一八一三年)においては、超越論哲学の基礎づけ、道徳的・宗教的問題の深化というフィヒテの思想の第二期の主題がさらに展開されている。しかしながら、野戦病院で負傷者の介護に当たっていた妻を介してチフスに感染し、それが元で一八一四年一月二七日、享年五十一歳でこの世を去ることになった。

三 『浄福なる生への導き』の形態と内容

(一) 論考の形態

『浄福なる生への導き』はフィヒテの著述活動の絶頂期の産物である。つまりそれは、一八〇四年の第二の『知識学』において、すべての知と真理を絶対者ないし神の純粋存在へと超越論的に還元し、さらにその絶対的存在からあらゆる意識ないし自我、および一切の現象を厳密な方法論に従って導出するという構想を実現したのちのことである。そこで『浄福なる生への導き』は、この「知識学」を単に特殊領域へと適用した一般向けの叙述に尽きるものではなく、むしろ当の知識学を乗り越えて、「これ以上の認識はありえないという一切の認識の最も深い根底と要素」（第二講、四〇頁）――伝統的な言い方では「最深の形而上学と存在論」（同上）――を扱うのである。しかしフィヒテが固く確信していたところに従えば、自ら思惟しようとする者はこうした認識を遂行し、まさにそのつど当の者に固有の洞察を通して自らの思惟をその最高の展開へと導き、それと同時に人格の自由な自立性と至福へと到達することができる。フィヒテはこのような確信がキリスト教において確証されるものと考えた。それというのも、キリスト教の信仰教育はこの同じ洞察を目的とするものであり、それに加えて、こうした洞察はキリスト教の起源において、哲学的方法によることなく発見されたばかりか、哲学者によっても、それが学問的に演繹される以前に直接にそれ自身によって理解されているはずのものだからである。

そのために、第二講で指摘されているように、同じ真理は学問的形態においても、通俗的な形態においても展開されうる。両者の相違は、難易度の差にあるわけではなく（フィヒテの通俗的著作は高度の知的努力を要求するものである）、方法における本質的な違いを意味している。「知識学」として実践されるような学問的講義においては、一つの問題に関して可能な諸々の立場が体系的に吟味されるのであり、そこにおいては、斥けられるべき命題を矛盾したものとして排除し、真なるもののみを唯一思考可能なものとして残すという仕方で、真理が確証される。つまりここでフィヒテは、懐疑と誤謬に囚われた思考へと向かい、反駁を通じてそうした思考を真理への洞察にまで導いているのである。これに対して通俗的講義では誤謬へと立ち入ることはなく、自ずと思考を納得させる真理それ自体が端的かつ直接的に叙述される。ここではフィヒテは演繹によって証明することをせずに、自然な真理感覚に語り掛け、提示された真理を疑いなく洞察する囚われのない健全な思惟に訴えているのである。

『浄福なる生への導き』においては、理論的思想と同時に実践的な教示をも与えようと努めているため、フィヒテは第二講と第十一講において、こうした認識の遂行と獲得に際して、当時の時代精神ゆえに生じる障碍に言及することが必要であるとみなしている。まず、真理を曇りなく叙述し、それを強調すると、無制約的な真理の要求によって自分たちの自由な発意が損なわれると感じる人々が反感を抱く惧れがある。さらに、真理はひとたび洞察されるならその受容への決断を迫るものであるため、自らの立場を決することを避けようとして、懐疑主義へと逃げ込んでしまうという惧れもある。つまり、認識一般の可能性を疑うことによって、真理のあらゆる主張を、とりわけ吟味もせずに相対化し、中立化してしまおうとする態度を採る惧れである。そもそも宗教哲学に対して立ちはだかる困難は、当時隆盛を誇っていた経験論と唯物論が、超感性的な真理や善という考え、とりわけ神の認識における至福という主張によって、自らの根幹が傷つけられるとみなすところから生じる。そのために、宗教は初めから否定的な感情や軽視の念をもって眺められるのであり、真理を主張するものとしての宗教論を論じるなどということは、傲り昂ぶった不遜な所業であるか、さもなければ非合理的な神秘主義として、社会的に通用する話題からは排除されることになる。フィヒテはこうした感情的な障碍を、真理に対する関心の欠落、および現実に対する愛を欠いた傍観者的態度に由来するものと考え、言葉の限りを尽くしてそうした一般的な傾向を匡すべく、倦むことのない努力を重ねるのである。

(二)『浄福なる生への導き』の体系的内容

宗教論全体を萌芽的に含んでいる第一講からしてすでに、フィヒテはただちに中心的な基本的考察へと踏み込み、そこから日常的な平均的意識の曖昧さを暴き立てている。この論考の主題であると同時に人生そのものの目的である至福というものは、生を遂行すること、それも生をそれ自体に即してその最高のありようにおいて実現することである。なぜなら、生それ自体は、愛をその本質的な核心としており、しかも愛は、意識と認識をともなった仕方での、存在の現前ひいては浄福をそれ自体の内に含んでいるからである。存在が自存し、まさに「ある」と言えるための存在の内的統一はすでに一種の遂行、それゆえ生の一種の行為であるため、生そのものは同時に存在それ自体の本質を成す。存在が生き生きとした現存においてではなく、客観化を行う概念によって捉えられる場合にのみ、存在は死んだ事実となるのである。

存在そのものは一にして単一、それゆえに分割されずに永遠であるため、あらゆる生は、真にして絶対なる一なる存在——それは「神」の名で理解されているものだが——との、愛と認識を通しての一致をその本質とする。これに対して日常的に存在・愛・浄福とみなされているものは、世界の有限で多様な現象に関わっているだけである。そこにおいて人々は、変転常なき客観の移ろいに満足を見出そうとするが、所詮それは叶うはずもない。このような仮象の生は非存在と死によって、つまり存在と生の欠如的対立物によって貫かれているわけだが、それでもそこにおいても、永遠なるものや純粋なる存在への憧憬がなおも息づいているのである。第二講においては、すでに指摘したように、このような存在は、純粋なる思惟における集中と沈潜を通じてのみ把握されるということとともに、存在・生命・至福の関連についての理解は、誰の思惟によっても獲得されうるということが示されている。

『浄福なる生への導き』の第一部（第五講まで）では、知識と有限的精神の構造が解明され、至福論に対して、「知識学」の意味で、すなわち理論的ないし人間論的・存在論的基盤が据えられる。至福論は第二部（第七講から第十講）において、第一部に呼応するかたちで展開される。まず第三講においては、「生」（第一講の基本概念）が「真なる思惟」（第二講の基本概念）において成り立つこと、しかし両者は全一的で不可分の構造を有しているということが示唆される。仮象の生ないし単なる思いなしは、個人の明確な意識におけるこの全体的構造が皮相で一面的な愛にもとづいてただ部分的に実現されることにもとづいている。それ自体として不可分で、それゆえに自らの全体的な実現を目指して邁進する生を意識的に実現する努力は、一般的には、外面から内面へ、外的な感覚から内的な意識ないし思惟へと歩みを進める。内的に思惟を遂行する意識は感覚的知覚をも包括する一方で、内的意識は外的知覚によっては認識されることはありえないため、第一にして基底的であるのは感覚的知覚ではなく、思惟のほうなのである。

純粋思惟は、感覚的知覚の領域に限定されることなく、知的直観（フィヒテとドイツ観念論全体はカントに逆らってこれを強調した）において、唯一可能であり現実的であり必然的であるもの――すなわちフィヒテによれば、いかなる生成も非存在も含まれることのない本来的で真であり永遠である存在――に関わるのである。なぜならあらゆる思惟は存在についての思惟だからである。意識ないし思惟は、存在そのものからは区別されるが、ただそれこそが存在そのものが自らを表し現前しうる唯一のあり方、すなわち存在の「像」(Bild) あるいは「現存」(Dasein) なのである。そのため意識ないし思惟は、本質的に純粋存在あるいは神の内に自らの根拠をもち、それと不可分なのである。

浄福は、第四講の冒頭で語られるように、人間が思惟において一者ないし永遠なる存在を認識し、それを親密なる愛をもって把握するところに成り立つ。これに対してあらゆる悲惨は、多様に変転するものの内へと精神が分散することに由来する。根本的にはただ不可変の存在と意識におけるその現存、すなわち神と神に関わる人間の思惟のみが存在する。そのためここで問題となるのは、仮象あるいは多様なるものの現象、すなわち感覚的に知覚可能な世界がどのようにして成立するかということである。本来的で根源的な意味においては、ただ一なる存在と、思惟におけるその現れのみが成り立つという根本的洞察を堅持する限り、多様な現象の成立の仕方の解明などは、浄福の追求にとってはかならずしも必要なものではないが、フィヒテはこれについても若干の示唆を与えている。

神は思惟において認識され、したがってそこに「現存」する以上、存在と思惟は不可分で、相互に融合し合っている。しかし思惟が存在を存在「として」把握する限り、思惟は存在から分かたれる。認識に具わるこのような「～として」を通じて遂行される区別において、意識は意識自身を振り返り、自らが存在に根差していることを反省し、自らの根源的な内的生を、対象的な事実ないし静態的な客体、すなわち世界として対象化し展開する。それゆえ対象的表象としての世界とは、意識の自己遂行に発する投射、つまり自らの生と、そこにおいて現存する絶対的存在に対する本性的な反省に由来する投射なのである。このような意識にとって本性的な反省において、意識は絶対的存在の一なる無限の内容を、諸々の内容の無限な多様性へと分割するのであり、その多様性が意識においては感覚的現象の時間的継起というかたちで現れるのである。したがって意識とは、純粋な光を多彩な色へと分散させ、それによって初めて光を可視的にするプリズムになぞらえられる。意識が自らに再び還帰し、そして主観の内に存する、世界の超越論的根源を見抜くならば、意識は世界を、もはや単なる事実としてではなく、神的存在の断片的な表現として見ることができるようになるだろう。

このように世界を現象として、対象的意識内容の総体として認識論的に再構成するという、観念論的とも言うべき試みが宗教論にとって意味をもつのは、フィヒテ自身が暗示しているように、多様な事物がそれ自身において絶対的なものとして自存するわけではないということが捉えられる限りで、つまり事物が先行する絶対的存在と生から生じるもの――この絶対的存在を反映するもの――として捉えられる限りにおいてである。本性的に反省する主観が、知を遂行する主観と意識される多様な客観の世界とに不可変の仕方で分かたれるこの最初の分裂と同時に、意識においては第二の区別が起こる（第五講）。つまり意識において、世界のみに関わる反省ではなく、世界についての自らの見解や理解の可能なあり方に対する反省が生じるのである。意識の主観・客観構造に対応して、こうした第二の分裂から世界観の五つの可能な立場が成立する。それら五つの世界観に共通の主題は、意識が自発的に探求する問題、すなわち真にして本来的かつ絶対的な存在がどのようなあり方を取り、どこに見出されるかという問いである。

最も低位にある第一の世界観は、ただ感覚的知覚の対象となりうるものだけを現実に存在するものとして、それゆえに真に自存するものとして捉える見方である。そこから帰結する世界観、つまり経験論や唯物論をフィヒテは、当時の時代精神の特徴と考えている。

第二段階において、主観は単なる客観によって制約されている状態から脱し、ただ自由で、自己充足する主観のみを本来的で真なる現実として認める。ところが自由な主観同士は自らの活動領域を、法と倫理を通じて互いに限定し、それを自らの確実な領域たらしめるため、この世界観においては、主観同士の諸々の関係を秩序づける普遍的な法則が最高の現実として理解される。自由そのものは法則との対比関係においてこそ、その自由という点に関して際立つからである。それゆえこのような倫理的法則は、人間を自由な主観として構成する原理であり、さらにこのような主観を通じて感覚的現実を、自由にとって中立無記の活動領域として構成するものである。この第二段階にあっては、人間は単に感覚的な充足を求めるのではなく、倫理法則を遵守するところに自らの尊厳を認めることになるのである。このような世界観は、カントの実践哲学の内に、しかしまたイェーナ時代のフィヒテ自身の法論や道徳論の内に現れているものとされている。

感覚性と合法性、つまり単なる客観と単なる主観という二つの低次の立場に続いて、第三の段階としてのより高次の道徳性において、世界理解と存在理解はそれ自身の真にして本来的な次元へと歩み入る。そこからさらに宗教と学問の段階が生じるが、高次の道徳性から始まるより高次の各段階の積極的内容は、それに続く段階においても完全に保持されるのに対して、感覚性と合法性というより低次の段階の内容は、より高次の諸段階においては本質的に変容を被る。まずより高次の道徳性において、人間はもはや、合法性の段階におけるのとは異なり、ただ限定と秩序づけを行うだけの法則によっては規定されることなく、創造的な法則、すなわち真・善・美・聖といった理念によって動かされるのである。このような理念にもとづいて、主観の生き生きとした自発性は、自ら以外の客観的領域へと積極的に関わり、つまり人間の社会共同性を創造的に包括し、ついには秩序づけの法則を取り込むことによって感覚性の領域をも包括する。こうして人間は自らの世界において、知恵や学問、文化・芸術、社会的・政治的実践を通じて、これらの理念の表現となり、神的本質の似姿と啓示にまで高められるのである。

第四の段階である宗教において、あらゆる階梯を経て純粋な現実ないし絶対的存在へと上昇しようとする精神の憧憬が充たされる。なぜならここにおいて人間は、より高次の道徳性の諸理念（真・善・美・聖）が、人間精神の産物ではなく、理性の生からは独立してそれに先行すると同時にその内奥にある絶対的存在の現象であること、つまり理性の根底における自らの絶対的生を諸々の理念の反映へと分化させる絶対的存在の現象であることを発見するからである。絶対的存在を意識の根底として明確に把握するこのような認識によって、意識にとっては、自らの根源的生と、神そのものの生の現出に対する洞察が開かれるが、そうした神そのものの生は、意識による自発的客観化を通じて常に死んだ世界へと変容してしまうものなのである。このような生にもとづくことで、神と結びついた人間は、より高次の道徳性の次元で活動することにもなる。しかし世界がその究極的根源からの現象として解明されるのは、このように絶対的存在を認識することによってのみであるため、人間は宗教の立場においてようやく、第一の根源――すなわち意識ないし現存をその主観・客観構造全体に関して根拠づけ包括する第一の根源――を把捉し観想するに至るのである。

宗教ないし神の観想の段階において存在への上昇は、本質的に凌駕されることのない充実へと至る。そこで、完成した学知、つまり哲学ないし「知識学」という第五の立場は、存在と現存、神と人間との関係構造全体に対する反省を付加し、それによって知識ないし人間存在の構造全体をそのあらゆる本質的連関にわたって発生論的に――つまり理性の根底に存する神の生と光という根源からの発出に即して――解明するものである。なぜなら「全面的に徹底した明晰性は、神の像および反映に属している」（第五講、一二二頁）からである。それゆえに、ヘーゲルのように絶対知のみを目指し、これを宗教の上位に据えることで、人間の有限的意識の立場を止揚してしまうのとは異なり、フィヒテはあくまでも（人間の）知と（神の）存在との本質的な区別を堅持し、宗教の内に生の最高の遂行を看て取るのであり、哲学とはこのような生の遂行に対する副次的な解明にすぎないものと捉えるのである。

中間考察として挟まれる第六講では、神と理性についてのフィヒテの捉え方が、『ヨハネによる福音書』におけるロゴスの思想と一致することが示され（後述）、この部分がこの全論考の中央に位置している。ここに至って、第五講までの理論哲学とその後に展開される実践哲学とが区別され、以下の第七講から第十講ではその主題が、五つの世界観からその実践的・情動的獲得と実現へと移ることになる。

第七講において示されているように、存在と生に関して第一部で展開された理論は、人間が自らをその自立性・力・自由において感得するような集中した思惟によってのみ獲得されうる。これに対して、意識における諸々の矛盾を未解決のまま併存させてしまうような精神的無関心は、精神の死、つまり愛の欠落にほかならない。そもそも愛は、存在——それも理解されている限りでの存在——へと向かい、存在の内に自らの根源・中心・目的を有している。そのために愛は存在そのものの情動的受容と享受であり、それゆえに内的生の源泉である。そこで、存在認識および世界観の五段階には、愛・生・享受の五段階が対応することになる。

全面的な無関心、あるいは精神的な非存在というゼロ地点に続いて、感覚的享受の欲求という最初の段階が生じる。この段階では、感覚的対象のみが真に存在するもの、それゆえに追求に値するものとみなされる。引き続いて、合法性という第二段階においては、法則がただそれだけのために至高の規範と現実として認められるのであり、その法則をさらに高次の目的の下に追求するということはなされない。そしてカント的意味での絶対的な道徳法則と当為は、必要や傾向性や愛を考慮することを禁じるため、この第二段階では、積極的充足や価値への関与、および適意ということが否定される。ここで唯一情動として残されるのは、法則を前にして自らを尊重することができるということのみである。

第三段階であるより高次の道徳性の次元以降の本来的な精神的な生へと聴衆を導き入れるため、第八講ではまず、思弁の最高の地点として、存在そのものとその現象形態（知における存在の現存）との相互的な共属関係が示される。それに従えば、神の内的本質がその現象において自らを形成するのであり、しかもそれは――すでに述べたように――一方で世界の確定した形態においてその内的本質の内実が無限に展開されつつ顕現することとして、他方でこの世界についての見方の五重の可能性として繰り広げられる。この五つの立場の各々は、それぞれが支配的な原理として互いに排除し合うために、この五つの立場は、それらのあいだで決断を下す自我の自由に関係づけられる。それゆえ絶対的存在は、意識を自由なるものとして自らに対置し、それでいながらこの自由そのものを、絶対的存在それ自身へと関係づける。なぜなら、自由は、絶対的存在を現実性のどの段階と同一視し、どのようなものとしてそれとの関係を生きようとするかに関して決断を行うが、そのような決断の不可避性こそが、自由自体の存在根拠だからである。

自立的な自我は自ら自身の自由そのものを感じ享受する限り、自らの愛の情動を、世界内の客観と自らの感性的快楽へと向けるか（第一段階）、主体としての自らの自立と自由に向けるか（第二段階）のどちらかである。このような我意の自由は法則との関係において初めて成立し、そのため法則そのものに服するが、その自己愛ゆえに法則とはまだ一致することがない。そのためにこの自由に対しては、自らの自由な決断によって、法則に対する自由を断念し、それゆえ自分自身の自由のもつ自己主張を放棄するという課題が課せられる。そうすることによってこそ、法則に完全に従順となることで、自我は、法則においては外的な規則として現れている神的意志そのものと一つになるのである。神の意志に照らして自らの恣意的自由を否定することによって、自我は神的生へと参与し、精神的生のより高次の段階（第三段階から第五段階）において神の意志を、ただそのもののゆえに愛するようになる。それはもはや、恣意的に求められる喜び――例えば、意志の従順に対する報償――という目的のための手段として神の意志を愛するという段階を脱しているのである。このようにしていまや、感覚的世界および自分自身の自我に対する関係も、第一・二段階の原理であった我欲によって規定されることはなくなり、浄福の原理も、その存在と意志における神への愛の内に見出されるようになる。

第九講では、より高次の内的な生、つまり第三・第四段階の世界観である道徳的・宗教的生がほとんど互いに区別されることなく記述されているが、その力点は内的な道徳的行為のほうに置かれている。道徳的・宗教的人間は、神の内的存在と、人間の世界の内での神の現象をその目的と喜びとする。その際、ただそれ自身だけで最高度の喜びの糧となり、それ自身として愛されるものすべて、つまり完全なるものそのものが、神的なものとして示される。完全にして神的な生の世界における顕現は、例えば美（イエスの母の形象によって具象化される）や、自然統治、国家、学問などの諸々の理念によって導かれる。これらの理念は、その当の理念によって満たされた人間によって、まずは彼自身の内的感情において、ついで世界内の活動として具体化されるのである。

意識そのものの普遍的形態は、多くの自由な個人へと分かたれるため、各々の人間はそれぞれの仕方に即して、超感覚的存在ないし神的生を分かちもつ。人間が自らの自己愛を放棄し、自らを神的存在へと委ねるならば、このような個人的使命は人間にとって明らかとなる。

このようにして各々の人間に対しては、自らの才能と固有の課題が分与されるため、人間は自らの天分に応じた行為において、その行為それ自体ゆえに純粋な喜びを感じ、しかも同時にその行為の内実が感覚的現象の世界において顕現し実現されることを意志するのである。その際、自己実現や自己表現が肝心なのではなく、ただ当の人間自身と他の人々の内に、純粋な完全性、つまり神が現象することのみが求められる。そのため人間の浄福は、感覚的世界における成功にはなんら依存することがない。むしろ失敗によってこそ人間は、自らの内に深く沈潜し、それによって神への、分かたれることのない愛や宗教的生へと入り込み、ただ神の内にのみ浄福を見出すことになるのである。

第十講では、存在と生の理論全体が、その根源である宗教論を要として要約され、さらに深められている。それによってそこでは、愛の存在論、つまり愛としての神、および神への愛の理論が展開される。そしてこれは、フィヒテ自身のそれまでの「知識学」、そしてこれ以降の「知識学」よりも高みに立ち、それらの知識の理論に最高の基礎づけと卓越した意味を与えるものなのである。

なるほど絶対的存在は常に意識において現存するものだが、それは意識にとってはそのつど、反省・分裂・客観化の法則に従って、純粋な行為および生から、世界において時間的に継起する対象的な事象内容へと変容する。客観化をともなう反省と並んで――あるいはそれ以前およびそれを超えて――存在が愛という仕方で、意識をその根底から動かしている。このことは、意識の内的生、およびその無限な追求、そして神への愛の内に成り立つ至福といった、これまで論じられてきた諸々の経験において証しされる。感情として経験されるこの愛は、純粋存在たる神と、知におけるその現存とを結びつける。しかし存在と現存が互いに不可分であるのと同様に、両者に共通の結節点としての愛は、人間に対する神の愛であるとともに、この第一の愛にもとづく、神に対する人間の愛でもある。このような相互的な一なる愛、つまり存在と理性（ロゴス）の二性を超えた第三のものにおいて、存在と意識はその双方の区別を保ちながら合一するのであり、そこにおいて存在は意識の内に導き入れられ、意識は自らとその反省形態を超えて神自身へと邁進するのである。

神についての理論的概念が、存在そのものに向かう愛の脱自性を通じてのみ、空虚な悟性形態を超えた内容を獲得するのと同じく、あらゆる理論的認識は、その認識によって構成される対象的実在性の源泉を愛の内に有する。なぜなら、愛は神的存在を把握し所有するのであり、それによって思惟に対してその基本的内容を付与し、ついでその内容が自発的反省によって客観化され具体的に分節されることになるからである。さらに存在に向けての愛の自己超出において、意識は、反省による自らの悟性的・概念的形態から、そこにおいて与えられる内容としての存在を区別することができるようになる。つまりここにおいて意識は、あらゆる認識に影としてともなう反省的性格と客観化を、存在自体に照らして無効化し、それによって懐疑の根を断ち切るのであり、そうして初めて、真理・確実性・真なる学知へと踏み入るようになるのである。それというのも、実在性・真理・確実性そのものの堅固さは、確かに意識の内で遂行されるものであるとはいえ、意識そのものによって根拠づけられるものではなく、無制約的な存在そのものの内に自らの根拠をもつからである。まさにこの無制約的な存在こそが、愛において意識に伝えられ、そうすることで存在に対する意識の志向性を養うものなのである。さらに、一切の知がこのように神的存在の遂行としての愛から発するということは、知が有限的な内容にとどまることなく、常に無限なるものへと拡張しようとするという事実からも示される。意識と知の根源としての絶対的愛は、反省的理性よりもより根源的でより高次のものであるため、理性は、神的愛の理論において初めて、理性自身の本来的な自己理解に達し、学知の完成へと至る。なぜなら、神への愛におけるこのような自己超越を欠くなら、理性は客観化としての反省が障碍となって、自己をその根源に関して常に覆い隠し、それによって神を自らの根源としては見損なってしまうからである。

カント的意味での定言命法や当為からではなく、このような神的愛からこそ初めて、人間への愛、および道徳的行為が生じる。それゆえ真なる人間愛は、感覚的快適さを広めることに尽きるものではなく、人間の内的悲惨についての鋭敏な認識を通じて、人間自身の自由を活かしつつ、人間を自らの本来的使命の認識、そして愛へと導くことに努めるのである。この真なる人間愛は、人間存在のこのような最高の可能性への信頼に担われ、いかなる失望によっても潰えることのない、人類の究極的完成への希望によって支えられている。

フィヒテは『浄福なる生への導き』の第二部、それもその終わり近くの第十講において、再び『ヨハネによる福音書』に言及している。フィヒテ自身の思想と『ヨハネによる福音書』の根本的思想との一致が、第六講、および「第一付論」の主題である（第二付論は、一八〇五年の『学者の本質について』［Über das Wesen des Gelehrten］への書評に対する応答であり、『浄福なる生への導き』とは直接の関係はない）。しかしながらこのような対応関係の叙述において、フィヒテは自らの思想に対して権威による保証を与えたり、キリスト教の教えを理性的証明によって裏づけようとしているわけではない。なぜならこの両者は、各々がそれ自体で自立しているものであり、それ自身として洞察可能で信に値するということを主張するものだからである。『ヨハネによる福音書』をフィヒテが評価しているのは、そこにおいては（とりわけ序の最初の五節において）神的にして神と一致するものとしての理性（ロゴス）への尊崇が現れているからであり、信仰の根拠として奇跡や預言の成就に代わって、内面的な明証性が重視され、イエスと神に対する人間の合一の教え——すなわち、カントとは異なり、単なる道徳性を超える宗教論——が示されているためなのである。

ナザレのイエスという歴史的存在にもとづいている宗教であるキリスト教と、歴史を基盤としない哲学的体系とを比較可能にするために、フィヒテは、偶然の事実と必然的法則、事実の真理と理性の真理という合理論的な区別にもとづいて、それをキリスト教に当てはめて、歴史からは独立して絶対的に妥当する理性的真理である形而上学的命題と、演繹不可能な事実にもとづき、その妥当性が普遍的でなく歴史的に制約され限定的であるような歴史的命題との区別を導入している。形而上学的真理が歴史的に証明されえないのと同じく、歴史に対しても、形而上学的な根拠づけや意義づけを要求することはできない。「浄福をもたらすのはただ形而上学的なもののみであり、けっして歴史的なものではない」（第六講、一四一頁）。

フィヒテは、『ヨハネによる福音書』の最初の五節において、キリスト教に含まれる形而上学的・普遍的真理が語り出されているものとみなしている。それによれば、「初めに」あったのは、絶対的恣意という神的行為——フィヒテは『創世記』における創造をこのように解釈している——ではなく、神からのロゴス、すなわち理性ないし言葉の発出であり、神におけるロゴスの内在、および神とロゴスとの本質的合致である。これはまさに、絶対的存在からその表現ないし啓示として現存ないし意識が発出するというフィヒテの理論に、その表現に至るまで対応している。『ヨハネによる福音書』の序に従えば、一切のものは言葉によって成立した（第三節）のであるが、このことは、世界と一切の事物という現象が意識の内から発するという事態、および意識の内に世界と一切の事物が存在するという事態に即応する。『ヨハネによる福音書』は、神的言葉を人間にとっての命であり光であるものとして特徴づけており（第四節）、これと対応して、フィヒテにおいては、意識の根本的力が命として、そして認識の明るみが光として表現されているのである。理性のこのような本質は精神的生のより下位の段階である「闇」によっては「把握されることがない」（第五節）が、ここにおいてフィヒテは自らの自己意識の諸段階の理論に対応するものを看て取っている。

キリスト教のさらなる二つの根本命題——すなわち、ナザレのイエスは神の独り子ないし受肉したロゴスであるという命題と、すべての人間はイエスを仲保者とすることによってのみ神との合致に至るという命題——に関しては、フィヒテは、確かにただ歴史的な妥当性を認めるのみであるが、これらの命題をある種の解釈を通じて正当なものとしても捉えている。

それというのも、まず第一に、イエスは第一の者として、その生と活動において自らと神との一致を意識しているが、この自覚は一般的な哲学的思弁から導出されるものでも、既存の伝統から汲み取られたものでもなく、イエス自身の根源的で前反省的な自己意識によって与えられたものだからである。さらに、それに続くすべての時代の意識はキリスト教の教えの影響を受けており、そのために、人間の意識と神との根源的一致に関する後世のあらゆる理解は、どれを取ってもそのような認識論的意味においてイエスを媒介としているのであり、その限りイエスのありように対する人間の同一化は、人間にとっての規範となっているからである。

『浄福なる生への導き』の講義の数ヶ月後、つまり同年一八〇六年の秋にヘーゲルは『精神現象学』(Phänomenologie des Geistes) を書き上げている。ヘーゲルもまたこの著作において、意識の発展段階において経験されるものを辿ることによって、精神が自らの本質に即して自身を発見していく過程を叙述している。『浄福なる生への導き』とこの『精神現象学』を比較するなら、それらの関心の類似と同時に、存在と知の関係に関するそれらの考えの相違が浮き彫りになるだろう。またこうした根本的な問題を踏まえつつ、人間の本質と使命、そして人間の真なる幸福への問いを新たに噛みしめることによって、現代においても実り多い豊かな洞察を汲み取ることができるだろう。

（村井則夫訳）

注

＊1——J. G. Fichte, Die Anweisung zum seligen Leben, hg. von H. Verweyen, PhB 234, Hamburg 1983, S. XVIII.

＊2——P. Baumanns, J. G. Fichte. Gesamtdarstellug seiner Philosophie, Freiburg/München 1990, S. 280-281.

＊3——J. G. Fichte, Die Anweisung zum seligen Leben, hg. von Fr. Medicus, PhB 234, Hamburg 1954, S. III.

＊4——J. G. Fichte, Einige Vorlesungen über die Bestimmung des Gelehrten [1794], GA I, 3, S. 32.

＊5——Id., Rezension des Aenesidemus [1794], GA I, 2, S. 65.

＊6——Id., Vorlesungen über Logik und Metaphysik [1797], GA IV, 1, S. 426.

＊7——Id., Grundlage der gesamten Wissenschaftslehre [1794], GA I, 2, S. 261.

*8 —— Id., Zweite Einleitung in die Wissenschaftslehre [1797], GA I, 4, S. 216.

*9 —— F. H. Jacobi, Werke, Bd. 3, Leipzig 1816/Darmstadt 1968, S. 49.

平凡社ライブラリー　369
浄《じょう》福《ふく》なる生《せい》への導《みちび》き

発行日…………2000年11月10日　初版第1刷
2018年10月1日　初版第2刷

著者……………J. G. フィヒテ
訳者……………高橋亘／堀井泰明
発行者…………下中美都
発行所…………株式会社平凡社
〒101-0051　東京都千代田区神田神保町3-29
電話　東京(03)3230-6579[編集]
東京(03)3230-6573[営業]
振替　00180-0-29639

印刷・製本 ……中央精版印刷株式会社
装幀……………中垣信夫

ISBN978-4-582-76369-0
NDC分類番号160
B6変型判(16.0cm)　総ページ336

平凡社ホームページ http://www.heibonsha.co.jp/
落丁・乱丁本のお取り替えは小社読者サービス係まで
直接お送りください（送料，小社負担）.

平凡社ライブラリー　既刊より

【日本史・文化史】

【世界の歴史と文化】

【思想・精神史】

ミハイル・バフチン……小説の言葉――付：「小説の言葉の前史より」
G・W・F・ヘーゲル……精神現象学　上・下
G・W・F・ヘーゲル……キリスト教の精神とその運命
埴谷雄高……影絵の世界
Th・W・アドルノ……不協和音――管理社会における音楽
Th・W・アドルノ……音楽社会学序説
ジョルジュ・バタイユ……内的体験――無神学大全
ジョルジュ・バタイユ……新訂増補　非-知――閉じざる思考
J・バルトルシャイティス……幻想の中世Ⅰ・Ⅱ――ゴシック美術における古代と異国趣味
カール・ヤスパース……戦争の罪を問う
R・ヴィガースハウス……アドルノ入門
N・マルコム……ウィトゲンシュタイン――天才哲学者の思い出
黒田亘 編……ウィトゲンシュタイン・セレクション
T・イーグルトン……イデオロギーとは何か
廣松　渉……マルクスと歴史の現実
K・リーゼンフーバー……西洋古代・中世哲学史
J・ハーバマス……イデオロギーとしての技術と科学